はじめに

〝藤田まこと〟という五文字を見て、みなさまはなにを思い浮かべますか？ たとえば『てなもんや三度笠』のあんかけの時次郎、あるいは『必殺仕事人』の中村主水《もんど》、はたまた『京都殺人案内』の音川音次郎、『はぐれ刑事純情派』の安浦吉之助、『剣客商売』の秋山小兵衛……それとも別の姿でしょうか。

いくつもの当たり役を持ち、数多くの作品に出演した藤田まことは、長～い顔がトレードマークの庶民派スターとして親しまれてきました。

決して平坦な道ではありません。本人いわく、いわゆる二枚目でもありません。関西の売れない芸人として下積み時代を耐え抜き、29歳でようやく手にしたトップの座。その後も山あり谷あり、どん底ありの凸凹渡世でしたが、76歳で亡くなるまで、ずっと第一線で主役を張り続けてきたエンターテイナーでした。

没後15年を迎えた2025年、いまもテレビの再放送などで藤田まことを見る機会は多いかと思います。しかし家庭での姿は、あまり知られていません。サービス精神旺盛なわりにプライベートを語ることが少なく、そのあたりはシャイな性分でしたから。

——でも、パパさん、もうええよね？

藤田まことの長女として、付き人として、そして恥ずかしながら〝究極のファザコン〟を自称する立場から、父の生涯を振り返ってまいりたいと存じます。喜怒哀楽に包まれて、いろいろな出来事がありました。

いささか長い道中になりそうですが、どうぞお付き合いくださいませ。

原田敬子

目次

第1章
闘病生活でも、藤田まことは藤田まこと

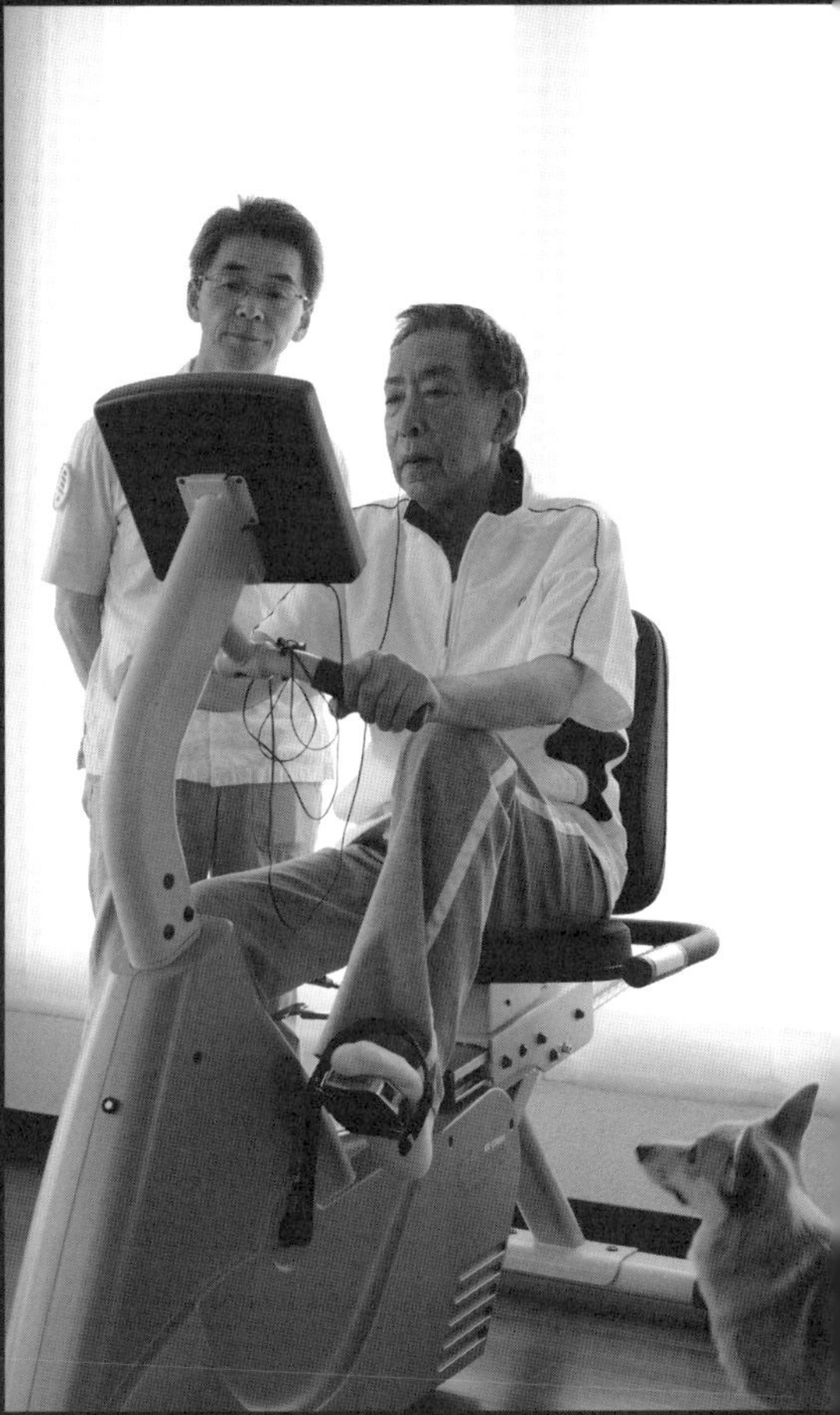

撮影：今井一詞　提供：朝日新聞社

始まりは2007年の1月4日

まずは父・藤田まことの「最期」についてお話ししたいと思います。

3年ほどの闘病生活を経て、父は2010年2月17日に大動脈破裂で亡くなりました。享年76――マスコミからは大動脈瘤破裂と報じられましたが、厳密には大動脈破裂でした。

わたしたち家族しか知らない藤田まことの晩年、父には「いらん話、すな！」と怒られるかもしれませんが、でもきっと許してくれるだろうと思います。

始まりは2007年の1月4日でした。わが家のお正月は〝お伊勢さま〟、三重県の伊勢神宮に初詣のお参りをするのが恒例でした。昔は京都・八瀬の九頭竜大社だったのですが、以前父が体調を崩したときに、わたしがお伊勢さまにお参りをさせていただいて、そこからのご縁です。

ご祈祷するとき、宮司さまからお声をかけていただいて。「藤田まことさんというのは、あの俳優の藤田さんですか?」「そうです」「応援してます。1日も早くご快復されますように、ご祈願させていただきます」ということで、その後、父も一緒にうかがうようになり、宮司さまともお話をさせていただくようになりました。

ですから、毎年お正月は伊勢神宮に家族でお参りをして、お力をいただいて、そこから長島温泉のホテル花水木に泊まって「また1年間がんばりましょう」というのが恒例でした。父、母、弟夫婦、妹、わたしと娘の7人で。

でも、その4日の日に……父は宇治山田のお寿司屋さんで好物のうな重を食べるのが習慣だったのですが、突然しゃっくりが止まらなくなって、トイレに駆け込んでしまいました。しばらく出てこなくて、どうも食べたものが飲み込めずに吐いているようでした。「これは尋常じゃない」となり、すぐに救急病院を教えていただきました。

診断は「逆流性食道炎の疑いがあるので、早々に検査をしてください」ということで、もう温泉どころではありません。わたしたちの住まいは箕面《みのお》でしたから「パパさん、大阪に戻ろう」と言ったら、「いや、大丈夫や。頼むから一緒に温泉に行ってくれ。俺は疲れてるねん。温泉でゆっくり休みたいんや」と。けっきょく車を飛ばして、深夜に長島のホテル花水木に入ったんです。

お宿のほうも支配人はじめ心安い方たちばかりなので、夜中にもかかわらず食事を用意して待ってくださっていて、最終的には2泊3日……少しずつ、喉にものが通るようになって無事に旅行を終えました。

いまから思えば、心配かけまいと思っていたんでしょうね。すぐ仕事も入っていましたので、自分の体どころではなく、だから検査も受けないまま慌ただしい日々に戻ってしまったのです。それから1ヶ月ほど経って、東京の父から電話が入りました。

「敬子、水が一滴も喉を通らない。病院を手配してくれないか」

ついにドラマの撮影中に体調を崩してしまい、阪大（大阪大学）に駆け込んだのです。ところが検査をしても、なかなか状況がわからず、いったん父は東京に戻りました。でも、その後あたらめて全身を調べる検査をしたときに、ガンが見つかったのです。もう大動脈にガンが浸潤していました。3月のことでした。

5月のゴールデンウィークは手術に向けて体力作りをしようということで、ふたたび長島のホテル花水木に行きました。ゆっくり療養して、手術を行ったのが6月。術後、父はガンが完全に切除されたと思っていたのですが、じつは開胸しただけでした……。いま初めて明かす話です。

わたしたちの口からはガンが残っていることはさすがに伝えられず、本人も思ってもいなかった。でも、お医者さまとの会話のなかでは、わかっても仕方ないような話もしているので、気がついていたのかもしれません――。

ＩＣＵでのシャンソン事件

手術のため、6月の明治座の舞台『剣客商売』は降板し、平幹二朗さんが父の代役として秋山小兵衛役を引き受けてくださいました。9月の大阪松竹座の公演は中止となるなど、さまざまな方々にご迷惑をかけてしまいました。

こうしてガンの手術を行うために開胸したのですが、動脈に浸潤していた部分の切除が難しく……体全体の血を3回入れ替える大手術になってしまい、もう閉じるだけだったのです。その際に肺をやられてしまい、ＩＣＵ（集中治療室）で1ヶ月半ほぼ寝たきり状態だったので、まさに瀬戸際でした。でも、父の復帰に向けての執念はすごかった。

なぜなら『必殺仕事人2009』で中村主水を演じることが決まっていましたから、それを目標にがんばっていたのです。まさかICUから生還できるとは……看護師さんたち誰もがそう思っていたほどの状態だったのですが。

6月の大手術のあと、本人はまともにしゃべれない状態でした。父が父でないような管だらけの状況で、目を覚ましたとき、まずは手を合わせて、執刀医の先生に拝むようにして、「ありがとう」。

そして、わたしたち家族にも「ありがとう」。それが第一声でした。

そこから意識が戻るのに時間がかかったのですが、7月、8月、9月が一番つらい時期でした。病室のナースコールが白だとわかりにくいということでピンク色のテープを巻くように指示されたり、「壁が襲ってきそうやから、色をつけてくれ」と、これは変えられませんでしたが、寝たきりだとそういう感覚になるようですね。

そんな状況でも、父らしいユーモラスな出来事がいくつもありました。ある日、わたしと妹を傍《かたわ》らに呼んで「シャンソン、シャンソン」と、しきりに言うことがあったんです。

「……シャンソン」

「ん、パパさん、なんですか？」

「シャンソン、シャンソン」

「シャンソン？」

手術のあと、お医者さまから「幻覚が見えるから、なにか不思議なことがあってもびっくりされずに対応なさってください」と言われていたんです。

だから、もう本当に覚悟しながら「シャンソン」という言葉を聞いて、父も訴えるように何度も言うわけですよ。妹は「お姉ちゃん……」って半ベソかいて、わたしの顔を見るし、やはり姉としてしっかりしないといけない。

意を決して「わかりました！　シャンソンですね。なんの曲を流しますか？」と聞いたら「うーっ！　酸素っ！」。シャンソンではなく酸素、酸素が来てないという意味だったのです。父としては必死の訴えで、もちろん笑いごとではないのですが、そのときは思わず拍子抜けしてしまい……パパさん、気がきかない娘でごめんなさい。

そのシャンソン事件が手術の2日か3日後で、それからは主に筆談でした。

「病院に黒は着てくるな。縁起悪い」「うちの金は大丈夫か？」「パーキングのおじさんにバナナ持っていけ」など、いろんなことを伝えられました。
いきなり「あの芸能人は嫌い」と書いてきたり、「この景色飽きたから変えろ」とベッドの位置を動かしたこともありましたね。

一般病棟に移って「乾杯！」

几帳面で細かい父でした。うちの母は家事はできるのですが、あまり熱心にやらない人なんです。わたしや妹、お手伝いさんに任せていました。病院では交代制で父の面倒を見ましたが、母は好きなときにだけ来て、泊まり込みはしない……いや、させなかったんです。父いわく「ママがいると気ぃ遣うねん」ということで。
バブルが弾け、母が事業に失敗して巨額の借金を背負ったとき、世間から〝悪妻〟とバッシングされましたが、父は一言も母に文句を言ったことはありません。わたしたちが母を責めるようなことを言っても「パパがすべて許してやったことやから」と庇《かば》っていました。

そんな夫婦だったんです。

わたしたちは「パパさん」、弟は「ボス」と呼んでいて、本当に一家の大黒柱でしたね。60歳で60億の借金、それを返すために馬車馬のように働いてくれたわけですから……。

ICUから一般病棟に移って10日くらいでようやく立てるようになり、鼻に通していた栄養補給の管も外せるようになりました。

口から栄養が摂《と》れるようになった日は感動的でした。まず父が「乾杯！」をしたいと言って、グラスの中にはなにを入れましょうかと看護師さんが尋ねると、しばらく考えてから「エンシュアー」。

エンシュアーというのは、食事が摂れなかった父の命を鼻から繋いでくれた栄養食リキッドのことなんです。まさかの回答と父らしいユーモアに、みなさん胸が熱くなっていました。

阪大を退院したあと、まだまだ足腰が弱いので地元・箕面の千里リハビリテーション病院に移りました。そこで体を整えながら、どうにか歩けるようになった時点で復帰し、京都の撮影所で『必殺仕事人2009』の記者会見を行いました。

「芸能界では75歳のわたしは若造。これからも仕事しますよ」

そんな発言をしていましたが、まだ体には爆弾を抱えたままです。座ることはできるけど、立つことが難しい。撮影所の中ですら車で移動し、本番以外は常に酸素吸入器のチューブを鼻に付けた状態で中村主水を演じていましたから。

病院の窓から孫の学校が見える

復帰までのリハビリにも、たくさんの思い出があります。

千里リハビリテーション病院の理事長は橋本康子さんという女医さんなのですが、すべてをわかったうえで引き受けてくださいました。病院に入ったら、まず阪大からの退院祝いということで、ケータリングのフルコースをサプライズでやってくださいました。

某ホテルの有名なシェフが腕を振るい、黒服の方が立っている……そんな趣向を凝らしてくださって、もうすっかり病室がレストランになっていたのです。

内心びっくりしたと思いますが、そんな状況でも父は顔色ひとつ変えず病室に入り、「ご苦労さまです」と黒服さんに言葉をかけ、いきなりわたしには「敬子、ジャケット！」。父はパジャマ姿でしたから、せめてもの先方への敬意のためにジャケットを羽織りたかったのでしょう。正装になった気分で、お食事をさせていただきました。

その後も、餅つき大会をやったり、カラオケルームを作ったり、橋本理事長があらゆる尽力をしてくださいました。新しくて、おしゃれで、ホテルみたいな病院でした。

病室は2ベッドルームで、まるで〝離れ〟のような……父が寝起きをして、もうひとつのベッドにわたしや妹、山本優さんという身内のようなスタッフが交代で暮らしていました。

なんと偶然にも、その病室の窓から隣の建物が見えて、そこがわたしの娘が通っていたインターナショナルスクールの教室だったのです。だから父が「おはよう！」と言って、娘も「じいじ！」……本当に偶然なのですが、そんな窓越しの日課がありました。

復帰に向けて散歩をしたり、食事を誤嚥《ごえん》しないようにするリハビリもありましたが、最初のころ父はそのリハビリが苦手で、いつも〝嘘寝〟するんです。担当の方が来られても起きない。そうしたら「今日はもう結構です。帰ります」となってしまう。

でも、『必殺』での、中村主水での復帰が決まったあとは、みるみる自主的にリハビリをするようになりました。寝室に竹刀が置いてあって、お付きの優さんを相手に殺陣《たて》の練習を常に欠かさなかったのです。

リハビリ病院でコンサート

父はサービス精神旺盛な人でしたから、千里の病院でコンサートを開いたこともありました。そんなの信じられないですよね。「ぼくのリハビリも兼ねて、みなさんにお返しをしたい」ということで食堂で40分、お世話になった病院の方々に向けて10曲歌ったのです。

わたしは「パパさん、そんなの無理です。やめてください！」と本気で反対したんですが、父と優さんが内緒でセッティングして、わざわざプロの照明さんや音響さんも呼んで、お医者さんや患者さんをふくめて１００人くらい集まりました。

酸素吸入器のチューブを外して歌って、トークをして、ちょっと苦しくなると、またチューブをして……リハビリの方が寄り添いながら40分、通常の〝営業〟のお仕事並みにやり遂げたんです。『はぐれ刑事純情派』の堀内孝雄さんの主題歌や必殺メドレー、いつも父が舞台の最後に歌う「千の風になって」を披露して、盛大に幕を閉じました。

やっぱり病院でも、闘病生活をしていても、藤田まことは藤田まことでした。


ある日、わたしと妹が父の部屋に呼び出され「いろいろと面倒かけてすまないな」という切り出しから、こんな話をしたことがありました。

「パパは家族がいちばん大事なんや……でも、いまは役者人生をまっとうしたい。仕事を最優先にして、これからの人生を生きていきたい。だから、お前たちに迷惑かけるかもしれないパパを許してほしい」

それはもう遺言のようでした――。

わたしたちは「なに言うてんの、パパさん。1日も早く元気になって、とりあえず『必殺』がんばってください」と返事をしましたが、自分の体のことなど考えようともしなかったのか、すべてをわかっていながら話をしたのか……どのような気持ちだったのでしょうか。

それは遂に知ることができませんでした。

代表作すべて、締めくくりのように演じきる

復帰後、京都の撮影所に行くのも、付き添いの看護師さんをふくめて、千里リハビリテーション病院から通っていました。小山さおりさんという看護師の方がいて、そのあと郡山の病院に移ったときも小山さんが帯同してくださって家族ぐるみのお付き合いでした。

ドラマのお仕事としては『必殺仕事人２００９』があって、『はぐれ刑事純情派』と『剣客商売』のスペシャル、最後が土曜ワイド劇場の『京都殺人案内32』でした。

だから中村主水、安浦吉之助、秋山小兵衛、音川音次郎——代表作すべてに人生の締めくくりのように出ているのです。最後の『京都殺人案内』のときは食事もできず、もう気力だけでした。歩くシーンは吹替の俳優さんがやってくださいました。

そんな状態でも「俺は出るんや」の一点張りで、地方ロケでは宴会にも参加しました。そういう〝おつかれ会〟をするのが父は大好きでした。最後の最後まで撮影所のスタッフさんたちとの時間を大切にしたかったのでしょうね。

ＴＢＳのドラマ『ＪＩＮ‐仁‐』では新門辰五郎を演じる予定でポスターも撮影していま

したが、あのときは「もうお願いですからパパさん、降りてください！」とわたしが頼んで、降板してもらったのです。中村敦夫さんに交代していただきましたが、あれがお断りした最後のドラマのお仕事でした。

ふたたび体調を崩したあと、２００９年12月にはツテを頼って福島県郡山市の総合南東北病院に１ヶ月ほど入院しました。

その病院には脳外科の福島孝徳先生という名医がいらして、足袋を履いて手術をする……病院界で〝『必殺』の中村主水〟と呼ばれていたんですね。その方とのご縁があって、阪大で手術したあと、千里を経て郡山に移りました。

父の場合、ガンで食道が狭まっていくのです。そうすると食べるものが食べられないので、最後にはステントという金属を挿入し、狭くなった部分を広げる……金属を体に入れるので、力みすぎたりすると、その金属が刺さって命を縮めてしまう。そういうリスクがあったのです。

しかし、父の考えとしては「食べないと生きられない」。郡山に行ったときは、もうお寿司一貫の半分も食べられない状態だったので、体にステントを入れるという決意をして、自分の病気について聞くこともなく、ただ担当医の手を握って、お願いをしていました。

「生かせてください。生きたいんです」

もう忘れもしない。そこにいた家族は、わたしだけだったのですが……なんとしてでも生きたいという意思を伝えて「よろしくお願いします」と懇願している父を見て、娘としてはどうしたらいいのか、本当に複雑な心境でした。

勘の鋭い人なのでガンが残っているのに知らないふりをしているのか、あるいは本当に気づいていないのか。止まらぬ病魔に蝕まれながら治療に専念していきました。

ステントを入れたら、そこから前後10日間絶食しないといけません。しかも体内に金属を入れる代償として、40度以上の高熱で苦しんでいました。それでも「とにかく生きたい」という一心で戦って……それが最終手段だったのです。

「京都映画に行きたい」

12月のステント手術後は、箕面の自宅から病院に通いながらリハビリをしていました。家族と一緒の生活が2ヶ月あって、わたしたちの手料理を食べながら過ごして、それは本当に貴重な時間でした。

次回作として『必殺仕事人２０１０』の台本をいただいていたので、父としては「『必殺』が待ってる」と、また復帰に向けて体を整えている状況でした。ただ……家族としては、心のなかでは覚悟をしておりました。

お仕事もコマーシャルの出演や『必殺を斬る！』というドキュメンタリー番組のナレーションなど体力的にできそうなものはお引き受けして、わたしは反対しましたが四国の高松まで営業の仕事で行ったこともあります。徐々に食事ができなくなっていましたが、常にベッドでは『必殺』の台本を読み込んでいました。

ある日、急に父が「京都映画に行きたい」と言い出しまして、太秦《うずまさ》の撮影所まで出かけたことがありました。それは亡くなる10日ほど前のことでした。奇しくも最後のご挨拶になってしまったんです。まさかその直後に亡くなるとは思いもしませんでしたが、お世話になった『必殺』のスタッフのみなさんとお会いすることができてよかったです。

2月16日、父の「最期」の日です。朝から体調が優れなく、少し体のバランスを崩すようなことがありました。病院とも相談しながら様子見という流れでしたが、夕方早めに食事をして「さぁ、お風呂に入りましょう」と、その前にお手洗いに行き、そこで倒れてしまい病院に搬送されました。

一瞬の出来事だったので、お医者さまから「ご本人は苦しまなかったと思います」と仰っていただいたことがなによりの救いでした。

息を引き取ったのは、翌17日の午前7時25分。76歳でした。

好きな言葉は「修芸生涯」——仕事が生き甲斐の人でした。娘から見ても、そんな父がとてもうらやましかったです。体が弱っていても輝いていて、自分をまっとうできる仕事に向き合っていて……もちろん苦労もいっぱいありましたし、山あり谷あり波乱万丈の人生でしたが、わたしは父を誇りに思っています。

生前、名刺には「修芸生涯」「年中無休」「一生芸人」と、3つの言葉が入れてありました。藤田まことの軌跡をたどってまいりたいと存じます。

第2章

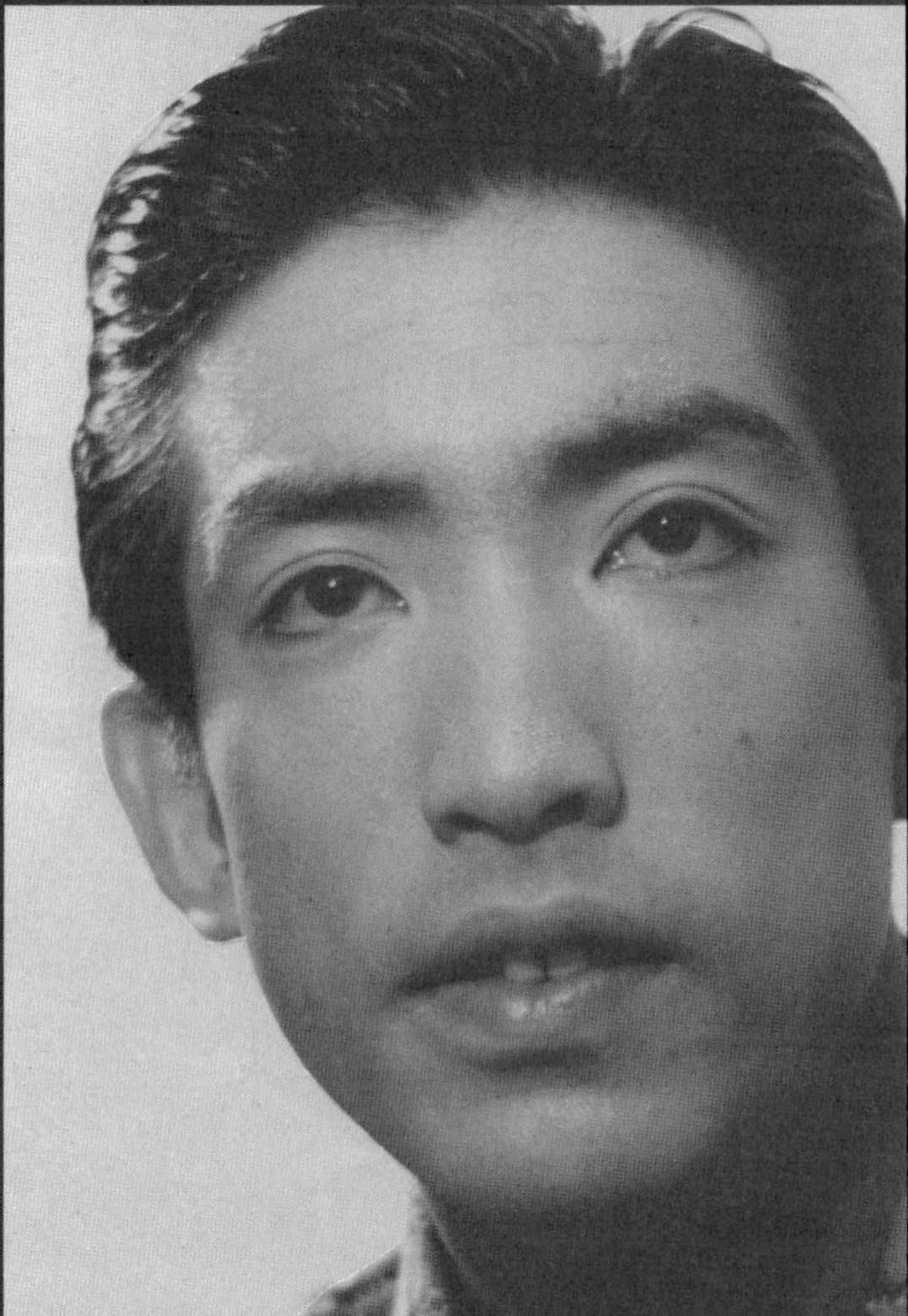

複雑だった家庭環境

藤田まこと――本名・原田眞は昭和8年、1933年4月13日に東京の池袋で生まれました。関西出身だと思っている方も多いのですが、じつは東京です。

父親は藤間林太郎という無声映画時代のスター、松竹や帝国キネマで彫りの深い二枚目として活躍していました。早稲田大学中退という、当時としては珍しい学士俳優で、お医者さんの家柄でした。

でも、わが子が物心ついたころには大都映画という三流会社で脇に回っており、オンボロの狭い長屋に住んでいました。池袋の二業地、戦後は三業地と呼ばれた色街の近くだったそうです。

わたしの祖母は大阪・堀江新地の看板芸者として祖父に見初められました。しかし父が幼いころに亡くなり、思い出はほとんどないと聞きました。そのあと家にやってきた後妻さん……継母とは折り合いが悪かったそうです。

戦争が激しくなり、大都映画は他社と統合されて大映（大日本映画製作株式会社）になってしまいます。新会社での待遇を憂いた藤間林太郎はツテを頼って松竹の下加茂撮影所に移り、一家は関西に引っ越しました。

父にはお姉さんとお兄さんがいたのですが、姉の綾子さんは肺が弱く、兄の眞一さんは志願兵として戦争に招集されました。新しいお母さんとの間には妹の眞理子さんが生まれましたが、やがて彼女は小笠原まり子という芸名で大映の女優として活動し、『とっても辛いのお兄さん』というレコードも出しています。

そういう複雑な家庭ですから、父も反抗期が激しくて「ぼくが出ていくか、あんたが出ていくか！」と継母と喧嘩を繰り返し、父親が出征したあとは継母と乳飲み子の眞理子さんとの３人暮らしで大変だったようです。

けっきょく父は戦争が終わったあと、上木家というお宅にもらわれて養子に出たこともあります。そこで裕福な生活をしていたところ、お兄さまの死亡通知が届いた。それでまた原田家に呼び戻されてしまったのです。

父はお守りとして生涯、一枚のハガキのコピーを懐《ふところ》に忍ばせていました。

拝啓　皆々様にはお変わりなくお働きの事と思います。眞も今年は夏休みもないでせう。けれど日本は今決戦をしております。眞にはまだ良く判らないだろうけれど兄ィさんは戦の現實を見てゐるからしみじみと感ぢます。お父ぅさんとお母ァさんの言ふ事を聞いてしっかり勉強をして下さい。お父さんもお身体を大切にあまり無理をなさらないよう様に早くもとの様に太って下さい。お母ァさんも眞理子も姉さんも皆お元気で

さようなら

19年8月14日

鹿児島港内

江龍丸

原田眞一

戦死した眞一さんから届いた最後のハガキです。弟のことを気にかけている兄の様子が伝わりますよね。江龍丸という輸送船で沖縄に向かう途中、爆撃を受けて久米島沖で死去、昭和19年10月10日のことでした。

父は舞台公演の最後に、お兄さまが家族に宛てたハガキの話をしながら「千の風になって」を歌っていたものです。ＮＨＫのドキュメンタリー番組で沖縄を訪れたこともありますし、『京都殺人案内』には戦争をモチーフにした話がいくつもありました。

「お国」のために死んだ兄、「おかあさん」と呼べなかった継母――ふたりへの後悔が藤田まことの根本にあったのかもしれません。偉い人の役を拒み、庶民派のスターとして反骨を貫くような存在でしたから。

芸人「藤田まこと」誕生

藤間林太郎は売れない役者でお金に無頓着、それなのに読書家で戦争が終わってしばらくは本を売って暮らしていたそうです。病弱な姉の綾子さんは学徒出陣で身体を壊し、早くに亡くなってしまいました。

戦後の貧しい暮らしのなか、父は米兵相手に靴磨きの少年をしていました。それも専用のクリームではなく、キャバレーのゴミ捨て場から拾った肉の脂身を溶かして、瓶に詰めたインチキ商売です。

高校は京都の堀川高校という有名校に通って、最初は勉強もできたらしいのですが、だんだんと落ちこぼれてしまい、いわゆる〝不良少年〟でした。十代のころは喧嘩とヒロポンで警察のご厄介にもなったと聞いています。

家計は火の車、高校は1年で中退。当時、藤間林太郎のような時代劇役者はドサ回りの一座を組んで全国を巡業していました。ある日、堀広太郎さんという方から、

「ボン、手伝ってくれ。座員が足りないんや」

と持ちかけられ、北陸の慰問興行に父が駆り出されます。どうせ家にいても、めしが食えない。甘いもの不足の時代、旅先で食べた羊羹《ようかん》の味が忘れられなかったそうです。ただし慰問といっても舞台に出るわけではなく雑用専門、「まこちゃん、まこちゃん」と呼ばれて楽屋の片づけや荷物運びをしていました。

それからも役者仲間の一座に数合わせで声をかけられ、人手不足から端役をやったり、歌を歌ったり、漫才をやったり。事務員兼鞄持ち兼役者兼歌手として、さまざまなドサ回りに参加し、全国をめぐる日々――。

芸人「藤田まこと」が誕生しました。藤間林太郎の一字をもらって「藤田」、眞は読みにくいので「まこと」。最初の芸名を使い続ける芸人というのは当時珍しかったようで、そのことは生涯の誇りにしていました。

また「旅の連続のような人生」と後年回想するように、京都、東京、地方ロケ……さらにはドラマだけでなく舞台の興行でもずっとホテル暮らしを続けていました。大人数で飲むのが好きなのも、ドサ回りに原点があったのでしょうね。

わたしが幼少のころ、豊中の自宅の近くに祖父の藤間林太郎が住んでいました。おひとりでお住まいで、お酒が大好きな祖父でした。孫から見ても二枚目で上品なおじいさまだったのですが、寡黙で怖いイメージもあって、わたしは常に緊張していたのが思い出されます。祖父が亡くなる前に家族旅行があり、福井の芦原《あわら》温泉に行ったときの出来事です。電車でつまずいて、わたしが目を切ってしまい……縫うくらいの大怪我だったんです。

そのとき、初めて父がわたしを介抱してくれました。病院に行って、一緒のベッドに寝てくれて……普段、父って家にいなかったんですよね。母の母であるきくばあちゃん、それからお手伝いさんや番頭さんが母を手伝ってくれて、学校に行くにしても、なにをするにしてもそうでした。だから後にも先にも初めてのことで、父が「大丈夫や」と言ってくれて、ずっと付き添ってくれたことを覚えています。

父から聞いた祖父の思い出としては、梅田コマ劇場で『てなもんや三度笠』の座長公演があり、親子で共演したときの話です。同じ楽屋で一緒にメイクをしていたのですが、鏡越しに「こんな不細工なこと、かっこ悪いことはやめような」と言われたそうです。自分も上手い役者ではないが、俺から見たらお前もそうで、そんな親子が一緒

『びっくり捕物帳』より、藤田まことと藤間林太郎の貴重なツーショット

に舞台に出れば恥をかくだけだから、こんな不細工なことはやめようと。

それ以来、親子の共演はなかったそうです。祖父は祖父なりに、父のことを考えての決断だったのしょう。父はそれを遺言として受け取っていました。松竹京都の脇役だった祖父は、芸能界から足を洗ったあと文章の間違いなどをチェックする校正のお仕事をしていました。学士俳優でインテリだった祖父にぴったりですよね。

『びっくり捕物帳』でテレビに進出

まさに叩き上げ、親の七光りもない状況で芸人デビューした藤田まことですが、十代の終わりには歌手志望として上京し、ディック・ミネさんの鞄持ちから音楽修業をスタート。しかし、1年ほどで大阪に戻ります。

その後はマーキュリーレコードに出入りし、藤島恒夫さんの歌謡ショーで旅回りをした際に前座の歌手を務めていたのですが、四国の巡業中に司会者が倒れてしまい、大騒ぎとなりました。

「あの先生がやっていたとおりだったらできますよ」

父は司会者のしゃべりを記憶しており、見事に代役を果たしました。それからは軽妙な司会者として売れっ子になり、若いのに「先生」と呼ばれてギャラも10倍に。司会に前座の歌と重宝されて、その器用さは後年『明星スターパレード』や『夜の大作戦』といった番組の司会や各地で行われた営業のお仕事でも発揮されました。

さらに23歳で始めたのが〝歌う声帯模写〟。いわゆるモノマネで、田端義夫さんの「帰り船」など何度もアンコールがかかったそうです。藤島恒夫さん、石原裕次郎さんほかレパートリーも多彩でした。〝覚える〟ことが上手だったんです。

旅回りでは多くのスターや新人、興行師と知り合い、いろいろな人間の裏と表を見たといいます。お金を手にするとドロンという歌手やマネージャーもいて、お客が入らない興行のときは隣町まで歩いて汽車賃と食費だけの〝乞食《こじき》興行〟を打つこともあったとか。

鶴田浩二さんのショーで前座を務めた際は、その態度に怒った本職の方が鶴田さんにピストルを突きつけた——あるいは前座で歌って「鶴田より目立つな」と怒られ、自分がピストルを突きつけられた——二種類のオチがあるのですが、いずれにしても命からがら逃げ出したとのこと。

そのころ知り合ったのが、戦前からの人気歌手・楠木繁夫さんです。司会者として天狗になりかけていた藤田まことの鼻をぺしゃんこにしたそうです。

「不平を言うな。自分を殺せ。明るくなれ」

この3つを不言実行で示し、唯一の恩師と呼べる存在が楠木繁夫さんでした。しかし、人がよすぎたという楠木さんはまもなく自死してしまったのです。下積み時代の藤田まことにとって知られざる大きな支柱で、したたかな芸人根性を鍛えられていきました。

『びっくり捕物帳』
1957〜1960年放送（全161話）
出演：中田ダイマル・ラケット、藤田まこと、森光子ほか
脚本：香住春吾
演出：信太正行、沢田隆治
制作：朝日放送

※作品クレジットの人名は当時の表記による

順調だった司会業から足を洗ったのは、大物漫才師の中田ダイマル・ラケットのダイマル師匠の助言でした。「お前は一人で売れるような芸人やない。このままだとすぐに頭打ちになる」ということで、大阪・北野劇場の準専属に転身。役者志望のコメディアンとして、また1／10のギャラに逆戻りしてダイラケ劇団に入ります。たくさん稼いでいた師匠の羽振りも「よし、いっちょやったるか」の原動力でした。

ダイマル・ラケット師匠のほか、夢路いとし喜味こいし師匠、ミヤコ蝶々師匠、南都雄二師匠……芸達者な方々に鍛えられ、ボロカスに言われながらも精進しました。歌や司会は単独なので、大人数で〝呼吸《いき》〟を合わせることを板の上で学んだそうです。

芸としては関西のドギツさではなく、東京生まれのスマートさを心がけ、泥くさいお笑いとは一線を画しました。当時の雑誌にも「さらっとした芸を見せるコメディアン」という藤田まことの紹介があります。

その縁からテレビにも進出します。

1957年、大阪テレビ、のちの朝日放送で始まった『びっくり捕物帳』は中田ダイマル・ラケットのおふたりが主役の時代劇コメディですが、藤田まことは来島仙之助という与力の役でレギュラーとなります。

のちに同心の中村主水でブレイクする父ですが、最初から町奉行所のお役人に縁があったのですね。当時のテレビ番組はお客さんを入れての公開生放送だったので、舞台とさほど大きな違いは感じなかったそうです。

仙之助の妹・お妙役は、森光子さん。「藤田まことを偲ぶ会」では黒柳徹子さんとともに追悼の辞をいただき、生涯お世話になりました。『びっくり捕物帳』は3年にわたって続いた人気番組となり、『ダイラケ二等兵』でもレギュラーの上官役を演じました。

それから1961年に始まった『スチャラカ社員』も朝日放送の人気番組、ミヤコ蝶々さんの社長を筆頭に関西のコメディアンが総出演しました。藤田まことはナンパな社員役で、「ハセくぅ～ん」「フジくぅ～ん」と女性事務員に言い寄る姿が評判を呼びました。

さらに藤田まことの人気を決定づけたのが、生CMでのアドリブです。亜細亜製薬がスポンサーの毎日放送のお笑い番組にCMコーナーがあり、強力ベルベという滋養強壮の内服液を……ガラスのアンプルをポキンと折ってストローで吸うと、ドンドンドンという太鼓の音とともに「キーテキタ、キーテキタ」。

そんなすぐに効くかい、薬事法違反やということで、途中からは飲む前から「キーテキタ」。それから水戸黄門や丹下左膳などの変装も笑いをとったそうです。

当時の藤田まことのタレント心得は「低姿勢」「文句を言わない」「役を選ばない」の3つ、地道な3割打者を目指していました。『スチャラカ社員』のころにはテレビ7本、ラジオ3本……週10本の売れっ子として手広い〝なんでも屋タレント〟になり、所属事務所の中田プロも弱小からどんどん大世帯に。1962年の時点で植木等さん、渥美清さんと並ぶ新進コメディアンの代表格と目されていました。

滋養強壮の内服液「強力ベルベ」の生CMで人気に火が点いた

妻との出会いは京都のナイトクラブ

「キタの雄二にミナミのまこと、東西南北藤山寛美」と呼ばれるくらい大阪の盛り場を飲み歩き、遊んでいたという父ですが、ついに年貢を納めて結婚したのは27歳のときでした。

妻となったのは、1歳年下の濱田幸枝です。母は当時サントリーなどの広告モデルをやっていたそうで、その傍らバーのキャッシャー（レジ係）をしていました。大阪の「花蝶」というグランドバーで働いていた母を父が見初めたんです。

「パパは1万円のメロンを毎回ママに持ってきたんや」

そんな話をよく母から聞きました。出会いは京都のナイトクラブ「祇園」、そのお店のショーで歌う父の姿を、たまたまホステスさんのスカウトに来ていた母が見かけたのがきっかけでした。世話好きで堅実なところに惚れた父が、母のお店に通いつめたといいます。

プロポーズは毎日放送の控室。母の実家は能登の「総本家濱田屋」という輪島塗の老舗で、芸人との結婚なんて反対でした。でも、いざ本人に会うと、すんなり許してくれたそうです。

それなりに売れっ子の父でしたが、ギャラ以上に飲み歩いていて結婚式のお金がない。ということで総合結婚式場に足を運んで直談判し、みずから「おたくさんの会社、コマーシャルやる気ありまへんか」と協賛を取り付け、披露宴の模様をテレビで放送したのです。

立会人は南都雄二さんとミヤコ蝶々さん、そのほか錚々たる関西の芸人さんたちが出席してくださり、28歳の誕生日に大阪難波の「高砂殿」で豪華な式を挙げました。

結婚式をテレビのCMとして流すことにはクレームもあったようですが、〝苦情もお祝いの言葉〟というシャレが通じた、おおらかな時代でした。どんな頼まれごとも聞く、若手芸人として先輩方から愛された「まこちゃん」の性格も功を奏したようです。

それまで重度の引っ越し狂として住まいを転々としていた父ですが、結婚後は母の住んでいた大阪の豊中市に引っ越し、やがて自宅を建てます。そのとき銀行にお金を借りにいったのはいいけど担保がない、そこで「担保は藤田まことや！」と母が啖呵を切ったそうです。

父の著書には銀行の方からの提案とありましたが、どちらにせよ芸人としての信用で大金を借りることができました。父は母の胆力に感謝していましたし、その後はいろいろありましたけれども、やはり父は母を一生かけて守ったのだと思います。

藤田まことと濱田幸枝

父は野球が好きで、近鉄パールス時代から近鉄バファローズの大ファン。なかでも贔屓の選手は関根潤三さんで、後年になると近鉄の後援会の副会長を務めていました。CDを出したときなんて、「これが売れたら球団を買うたる」と言ってましたから。

地元では豊中エンジェルスというチームを持っていました。南都雄二さんや岡八郎さんたちもチームの一員で、近所の野球場の場所取りを母がやっていたようです。新婚さんのころは岡町というところの借家に住んでいて、餃子を作ったり、ハンバーグを作ったり、母がおさんどんをして、試合のあと仲間が家に来てはどんちゃん騒ぎだったそうです。

岡町のあと、上野坂に建てた自宅は「豊中ホテル」と呼ばれていました。それくらい、いろいろな方々が出入りして日々賑やかでした。父が唯一「先生」と呼んでいた芸人が南都雄二さんで、よくご自宅にも遊びにいっていました。

芦屋雁之助さんや花紀京さんとも親しかったですね。雁之助さんとは、お互い売れない時代から励まし合い、「いつか売れような」と誓ったそうで、雁之助さんのお芝居には非常に感心していました。

第3章
『てなもんや三度笠』の栄光と挫折

あんかけの時次郎で大ブレイク

『てなもんや三度笠』
1962～1968年放送（全309話）
出演：藤田まこと、白木みのる、財津一郎ほか
脚本：香川登志緒
演出：沢田隆治
制作：朝日放送

1962年5月、藤田まことが29歳のとき『てなもんや三度笠』が始まります。三度笠を手にした旅がらすの渡世人、沓掛時次郎ならぬ「あんかけの時次郎」を演じた公開収録の時代劇コメディです。白木みのるさんの珍念との凸凹コンビが結成され、大坂から花のお江戸を目指していく珍道中を多彩なゲストのドタバタ喜劇に仕上げました。初の主役、もちろん大きなチャンスでした。しかし、『びっくり捕物帳』や『スチャラカ

社員』を手がけてきた朝日放送の澤田隆治ディレクターは、ひとつ条件を付けたそうです。

「今度は文句なしの一枚看板にする。だから、ほかの番組は降りてくれ」

毎日放送や関西テレビへの義理もありますし、番組が成功する保証もない。脇役として多数のレギュラーを務めたほうが生活も安定したことでしょう。

でも、三軍から一軍に上がるチャンスとして、父は『てなもんや三度笠』に賭けました。そして結果は6年も続く大人気番組に。視聴率は40％、50％を超えて、関西では64・8％という驚異的な数字を叩き出しました。

「俺がこんなに強いのも、あたり前田のクラッカー」

前田製菓さんがスポンサーということから、こんな時次郎の決めセリフが生まれ、一世を風靡しました。そのほか、作家の香川登志緒先生が
「耳の穴から指つっこんで、奥歯ガタガタいわしたる」

「ドタマかち割って、ストローで血ぃ吸うたろか」

など、河内の喧嘩言葉をもとにしたセリフを考え、父が具現化したのです。財津一郎さんの「ヒッジョーにキビシ〜ッ！」「助けてチョーダイ！」も『てなもんや』発のギャグで、

蛇口一角という浪人の役でした。

『てなもんや三度笠』は視聴率がすごかったので、ゲストも錚々たる芸人さんだけでなく美空ひばりさんが出たり、とても華やかでした。レギュラーにひばりさんの弟の香山武彦さんもおられて、わたしの記憶では豊中の自宅にみなさん遊びにいらして、ワイワイごはんを食べていたように思います。

ただし――人気番組ですが、大物ゲストをもてなすために父はギャラ以上のお金を使ってしまい、常に家計は火の車状態だったそうです。そんな日々で唯一「ゲスト変えてもらえませんか」と出演をお断りしたのが佐々十郎さん。昔、大阪の北野劇場で共演したときにひどい目にあったそうで、弱い者いじめが許せない藤田まことらしい〝わがまま〟です。

あんかけの時次郎でのブレイク直後、父はナベプロ……東京の渡辺プロダクションの所属となり、長らく渡辺晋社長のお世話になりました。だから梅田コマ劇場に出演しているときなど、ザ・ドリフターズのみなさんとよく楽屋でカードをしていて、わたしと弟の知樹も横で眺めていた記憶があります。

『てなもんや三度笠』あんかけの時次郎が初の当たり役
写真提供：ABCテレビ

母は麻雀、父はカードをたしなむ夫婦でした。笑い話としてよく聞いた話ですが、若いころ父が楽屋でポーカーをやっているときに「藤田くんというのはいるかい？」と、入ってきた男性がいたのですが、父は勝負に夢中で「いま、あかん。あとにしてくれるか」と見向きもせず言って、相手にしなかった。

それが菊田一夫先生。森光子さんを東京に呼んだ劇作家の大御所で、「あのとき断らへんかったら、俺が森光っちゃんの代わりに行ってたんや」と、よく言っていました。

『てなもんや三度笠』の澤田ディレクターは、藤田まことに対して上から押さえるようなもの言いをしていた唯一の方ですね。自分が育てたという自負があったのでしょうか、ちょっと個性的でアクが強くて、わたしにも「まこっちゃんがなぁ〜」という雰囲気でした。『私説コメディアン史』『上方芸能列伝』など、多くの著書も残されたパイオニアです。

落ち目のキャバレー回りで人生修行

『てなもんや三度笠』は番組が始まった翌年、１９６３年に東映で映画化が実現し、さらに『続てなもんや三度笠』が作られました。

そのほか一人二役の『大笑い殿さま道中』、小豆相場を扱った『赤いダイヤ』、霊柩車を開発した男の一代記『大阪ど根性物語　どえらい奴』など東映の主演作は意外と多いんです。松竹では『ニッポン珍物語』、東宝では『西の大将東の大将』ほか各社に招かれ、大映では勝新太郎さんにかわいがられたと聞きます。馬造に馬六と、面長な顔をもじったコミカルな役どころの映画もありました。

渡辺プロ所属というご縁から、東宝ではクレージーキャッツさんの映画によく出ており、こちらでも『てなもんや東海道』『てなもんや大騒動』『てなもんや幽霊道中』と合計3本のてなもんやシリーズが作られました。

人気絶頂の『てなもんや三度笠』でしたが、父いわく「少し長くやりすぎました」。最後のころはマンネリで視聴率も低下し、3～4％にまで落ちてしまいました。

番組が終わったときにはホッとして、あんかけの時次郎という役柄もスッと身体から抜け落ちたそうです。しかし、それまで持ち上げてきた方々やマスコミからは見事な手のひら返しにあい、明らかに見下された応対をされたこともありました。

「一時の人気で、のぼせ上がっていた頭を冷やすことができたのは幸運」

そのように父は語っていましたが、『てなもんや三度笠』終了後の〝落ち目〟の時期こそ藤田まことにとって人生の修行になったのは間違いありません。

朝日放送では『てなもんや一本槍』『てなもんや二刀流』と後継番組が続き、1970年までシリーズ3作、足掛け8年のロングランになりましたが、『三度笠』のような人気は出ず、「もうコメディはごめんや」とオファーを断ることもありました。

その代わりにやるようになったのが、〝キャバレー回り〟の仕事です。全国津々浦々のキャバレーでショーをやる……ドサ回りに逆戻りです。最初は『てなもんや』人気でなんとかなりますが、つまらないと「引っ込め！」。客席からビール瓶が飛んでくることもあったとか。それくらい反応がダイレクトというわけです。手を抜くと、すぐバレる。芦屋小雁さんや花紀京さんとコントをやりましたが、台本づくりから携わって一生懸命だったようです。

ひどい扱いも受けました。生まれ故郷の池袋では、小さなキャバレーのトイレに通されて、そこにゴザを敷いて着替えるように言われました。出入りするホステスさんから同情されて、

「よかったら、わたしたちの控え室を使いますか」と言われたり……そんな心遣いが心底うれしかったと語っています。

キャバレーの仕事は評判を呼んで、一度やったお店から次々とオファーが届きました。ギャラは渡辺プロに入りますが、じつは実入りは『てなもんや三度笠』のころよりよかったようです。時間があれば東京で朝から晩まで芝居のハシゴ、役者としての感性を磨き、焦りを感じながらも充電期間としていました。

専業主婦だった母も豊中に「V」というスナックを出し、父を助けるようになりました。そうやって苦しい時代を支えたのです。

「人生あきらめたらあかん。落ち目になって経験を積んだから、今日の藤田まことがある」

当時を振り返って、よく父はそう言っていましたね。

また、『てなもんや三度笠』の主題歌など歌手としても活動していた父ですが、71年には自身の作詞による代表曲「十三《じゅうそう》の夜」を発表。俗に「十三のねえちゃん」と呼ばれ、世のホステスさんを励ますような曲は、関西中心に好評を博しました。歌の仕事もキャバレー回りで功を奏したそうです。

「俳優」という肩書きを求めて

父は10年ごとに、自分の人生設計を描いていました。『てなもんや三度笠』が終わったときも、抱えていた仕事を一旦ほぼゼロにして切り替えたかった——俳優として生きることに決めたのだと思います。

わたしも小さなころに父から聞きました。「藤田まこと」という名前の下に「コメディアン」と書かれるのではなく、「俳優」として書かれたい。そうやって名が残るように考えていかなければならないと。もちろん芸人さんへのリスペクトはありましたが、父いわく器用貧乏な〝なんでも屋タレント〟から脱却したかったのでしょう。

『日本の青春』
1968年6月公開
出演：藤田まこと、新珠三千代、黒沢年男ほか
原作：遠藤周作

脚本：廣澤榮
監督：小林正樹
製作：東京映画

『てなもんや三度笠』の終了直後に主演した映画が小林正樹監督の『日本の青春』です。戦中派の冴えない中年男性を老けメイクで演じており、のちの中村主水や安浦吉之助に通じる、平凡ながら秘めたものを抱えたキャラクターとして、シリアスな演技ができることを世に知らしめました。

映画雑誌『キネマ旬報』のベストテンで第7位に選ばれるなど、作品としても高い評価を受けています。あまり有名な映画ではありませんが、父のキャリアとしては重要な主演作だったのだと思います。小林正樹監督は『人間の條件』や『切腹』を手がけた巨匠で、俳優としての再出発にふさわしい作品になりました。

1973年、『必殺仕置人』の中村主水で二度目の当たり役に出会った藤田まことですが、40歳までの5年にわたる雌伏《しふく》が唯一無二の下地を作り上げていったのです。

藤田まことを偲ぶ

黒柳徹子

最初で最後のラブレター

ゆかりの人々が語る、藤田まことの思い出。1965年、TBSの連続ドラマ『おれの番だ！』の一編「快男児浪花太郎」(全6話)で共演した黒柳徹子は、没後の藤田まことを偲ぶ会で発起人を務めるなど、深い交流のあった間柄だ。いま明かされる〝憧れの人〟への思いとは――。

いちばん最初に藤田まことさんとお会いしたのは恋人の役でした。それはTBSの『おれの番だ！』という連続ドラマで、わたしにとって初めての民放のお仕事だったんです。

わたしはNHKの出身なので、そういうオファーがきてもNHK関係の誰かと恋愛関係になるだろうと思っていたんですが、藤田さんが恋人役ということでとても驚きました。でも藤田さんはとってもおもしろい方で、いろいろ笑わせてリラックスさせてくださって、とにかく楽しい現場だったのを覚えています。

もともとNHKで仕事をしていましたから〝お嬢さま女優〟みたいなもので、ラブシーンも初めてだったんですね。ところが突然すぐ藤田さんとラブシーンをやることになって、「えぇ～、そんなことまでするんですか!?」って言ったら、「まぁ、そうだね」とあっさり仰られた。

同じ年なんですが、大人っぽい方でしたね。えぇ、とっても大人っぽくて色気のある俳優さんだと思いました。わたしなんて藤田さんと一緒にいるとおよそ、まるでチンピラみたい（笑）。

そのドラマの脚本をお書きになったのは小野田勇さん、わたしは清の王女の役でした。わけもわからず日本に連れてこられ、言葉もわからないので、ヘンなことをされると中国語で「アヴァヤ～！」みたいなことを叫ぶ。そんなときに藤田さん演じる旅芸人に助けられ、大好きになるというお話です。旅から旅というスケールのドラマを全部テレビ局のスタジオで撮りました。最終的にわたしは中国に帰るんですけど、お別れのときに藤田さんとお汁粉を食べるんですよ。藤田さんが「食べなさい」とお汁粉をくださって、わたしはそれを食べながら「おいしいね」って言う……そうするとみんなが泣くんです。

いまから60年近く前、わたしも若かったし忘れられないドラマですね。初めてラブシーンを演じたお相手が藤田さんでしたから、余計に印象が強いです。心から信頼していましたので、「この人なら大丈夫」と身を委ねました。それ以来、やったことないですからね、ああいうシーンは。

そのあともドラマで共演したり、『徹子の部屋』に出ていただいたりして、何度もお世話になりました。藤田さんがおやりになった役は、どれもあの方の個性に合っていたと思います。いろいろな作品を拝見しましたが、やっぱり着物の前をパンパンッと蹴散らして歩くような、ああいう時代劇がよかったですね。そう、『必殺』の中村主水さんのような。

わたしにとって憧れの人でした。藤田さんがわたしのことをどのように感じてらしたか、いま生きてらしたらね……「あのとき、どうお思いになりましたかしら？」って、もう女学生みたいな気持ちで聞きたかった。

お別れの会のときは、最初で最後のラブレターをしたためて、みなさまの前で読ませていただいたんです。あの方に「さようなら」は似合わないので「じゃあ、またね」と、そういうお別れをさせていただきました。

それくらい藤田まことさんのことが大好きでした。とにかく大人の雰囲気をまとった方でしたね。あんなに早く亡くなられて、本当に残念でなりません。

第4章
忘れがたき豊中の日々

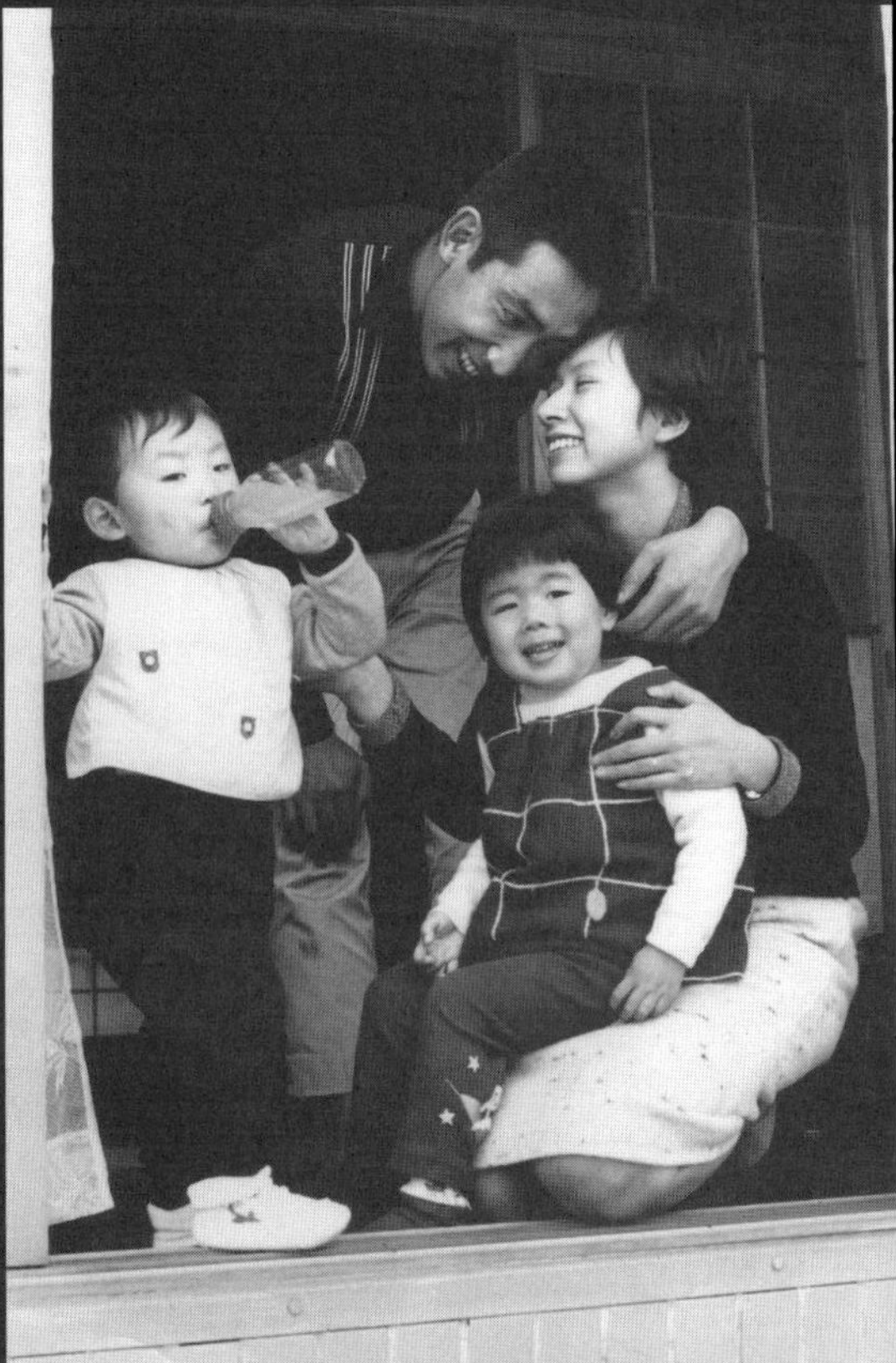

原田家の日常

わたしが幼少のころ、父・藤田まことをテレビで見るたびに「いつも遊んでる」と思っていました。まだ芸能人という仕事を理解していなかったし、なんだか楽しそうに見えたのでしょうね。

常にホテル暮らしの単身赴任なので、家から仕事に向かうときは毎回「今度は、いつ来るの？」と聞いていたものです。でもお休みになると、家族で旅行をしたり、食事をしたり、買い物をしたり……そういう時間を作ってくれた父でした。

戦後の混乱期、寂しく貧しい思いをしながら育ったので、わたしたち子供にはそういう不憫な思いをさせたくないと常々言っていました。実際、忙しい最中でも帰ってきてくれては、「行くぞ！」と言って、一緒に自転車に乗って出かけたものです。

本当に飾り気がない父でしたので、近所の市場に行っても八百屋さんや魚屋さんといろいろお話をしながら買い物をして、よくトマトのボルシチを作ってくれました。家では粗食で、ちりめんじゃこと大根おろし。舞台の楽屋でもそうでしたね。

父は昔から中華が好きで、わたしが小さいときは「豊山閣」という豊中駅前の中華料理屋さんが定番でした。その豊山閣で鶏のから揚げ、春巻き、フカヒレのスープ、そういったコースを覚えています。

仕事の合間でも中華屋さんにはよく行っていて、レバニラ炒めやあんかけそば、チャーハンなどを食べていました。広東料理が好きで、とくに汁そばは大好物。それこそフカヒレや北京ダックもいただきますけど、実際は庶民的なんです。

母がスナックをやっていて社交的だったので、豊中のさまざまなお店と親しくしていました。だから時間があれば、町内の方を集めては母の実家の輪島や和倉温泉までバスを貸し切って旅行をしていました。父は家族と過ごした時間が少なかったので、母方との賑やかな親戚付き合いも楽しんでいるようでしたね。

菅井きんさん、白木万理さんとのかけ合い……『必殺』には中村主水とせんとりつのシーンがありますが、豊中の自宅には、わたしの母の母……祖母が同居していましたので、うちは中村家そのものなんです。だから家でのやりとりを現場に持ち込んでいる感じ。でも、祖母は本当に父のことが大好きで、母と父が喧嘩したときも「パパちゃんになに言うの！」と、いつも父の味方をしていました。

〝にゃんにゃん〟のこと

もうひとりの大切な家族が〝にゃんにゃん〟です。父の弟のような存在で、一家の番頭として、上野坂の自宅から箕面のマンションまで一緒に暮らしていました。

本名は西村正ですが、わたしが小さいころ「おにいちゃん」とうまく言えなくて「にゃんにゃん」と呼ぶようになったそうです。もともと豊中の酒屋さんで奉公をしていて、父の野球チームで「ピッチャー、誰かおれへんか？」ということで、にゃんにゃんが入ってきて、それからはずっと父の側にいてくれました。最初は専属の運転手として、母がスナックをやるようになってからは、そちらを手伝うようになりました。

わたし、弟の知樹、妹の絵美子と子供3人は全員にゃんにゃんにおしめを替えてもらっているんです。住み込みのお手伝いさんもいましたから、家には人が多く、父の妹である眞

千里セルシーで休日を過ごす藤田まこと、次女の絵美子、長女の敬子

理子さんも住んでいた時期がありました。

母が北新地にクラブを出したときもにゃんにゃんが手伝ってくれて、バブルが弾けたあと晩年は豊中のスナックV跡地に「にゃん2」という自分の店を開いたんです。62歳のころ病気で亡くなりましたが、草野球が縁となって藤田まことに一生を捧げてくれ、父と母にとってかけがえのない存在でした。


にゃんにゃんは火野正平さんとも仲良しで、母のスナックには若き日の、二瓶康一時代の火野さんがよくいらしていました。自宅にも遊びにきて、母たちと徹夜で麻雀をしていたんです。だから、朝起きて食卓に向かうと火野さんがいるという……。

ほかにも麻雀終わりの人たちが朝ごはんを食べていて、そこに「おはようございます」と入っていく不思議な家庭でしたね。中尾ミエさんもよくいらしていました。

父はもっぱらカード、それから競馬とパチンコです。うちの和室でもよくカード勝負に興じていましたが、弟が手書きのメニューを作っては、注文を取っていました。コーヒーとかそういうものでしたけど、その水揚げをわたしが横で取り上げたり。

藤田まことが参観日に……

　ある日、珍しく父が参観日に来てくれたことがありました。でも、そうすると「うわっ、藤田まことや！」って生徒が寄ってきて、本人はよろこんでいるのですが、学校がパニックになる。これはやっぱり娘としても恥ずかしいんですよね、子供心に。そして混乱を抑えるため、父は校長室に拉致されるという……。

　ちょうど思春期の複雑なころも、放課後に雨が降って父が迎えにきてくれたのですが、「お〜い、敬子！　傘を持ってきたぞ！」って叫ぶのがたまらなくて……思わず教室から逃げたこともありました。そのことは、よく父が思い出として話してくれていて、よっぽどショックだったんでしょうね。いま振り返ると、申し訳ないことをしてしまいました。

　中学のとき、わたしが6組で、隣の7組に大村崑さんの息子さんがいらっしゃいました。要はオロナミンC対中村主水じゃないですか。だから父のことを「馬、馬！」と言われて、よく喧嘩していました。雑巾の投げ合いなんかして。

　父は家にいませんが、電話は毎日のように……欠かさずにかけてきてくれました。「ママは元気か〜?」って、いつも最後は母と話して、毎日がそうでした。

子供のころは藤田まことの娘としてたくさんの取材を受けた記憶がありますが、わたしはそれがすごく苦手でした。妹の絵美子とは6歳離れていて、その時期になると取材の機会も少なくなって……しかし、彼女は人前に出るのが大好きで、歌も上手でした。

母の北新地のクラブでクリスマスのディナーショーが毎年あるのですが、そのショーに小学生の妹が駆り出されて、ディック・ミネさんと一緒に歌わせていただいておりました。

最後に妹がお駄賃をもらう。それを持って帰って、3人で割る。「お姉ちゃん、お兄ちゃん、なんもしてへんのに」って、そんな思い出もありますね。のちに妹は藤田絵美子として歌手デビューしました。わたしや妹には甘い父でしたが、弟の知樹には厳しくて、やはり長男は違うと感じることもありました。

第5章

一世一代の当たり役、中村主水

表と裏の顔の落差が評判に

『必殺仕置人』
1973年放送（全26話）
出演：山崎努、沖雅也、藤田まことほか
脚本：野上龍雄、国弘威雄、安倍徹郎ほか
監督：貞永方久、松本明、三隅研次ほか
制作：朝日放送、松竹

1973年4月、『必殺仕置人』が始まります。

藤田まこと一世一代の当たり役——「中村主水」の誕生です。

『必殺仕置人』は朝日放送と松竹の共同制作による必殺シリーズの第2弾で、それ以前に池波正太郎先生の小説を原作とした『必殺仕掛人』がありました。金をもらって恨みをはらす裏稼業を扱った異色の時代劇で、フジテレビの大ヒット作『木枯し紋次郎』を倒すべく、裏番組として同じアウトロー系の『仕掛人』をぶつけて成功を収めました。『仕掛人』は緒形拳さんの藤枝梅安、『仕置人』は山﨑努さんの念仏の鉄という〝無頼〟を中心として、光と影のコントラストの強い映像のなか法で裁けぬ悪を始末するハードボイルドなドラマが繰り広げられます。

『仕置人』の中村主水はトメであり、主人公ではありませんでした。しかし江戸の治安を預かる町奉行所の同心でありながら上役・同輩からはバカにされ、家では妻と姑にイビられる「昼行灯」の「ムコ殿」は、そのサラリーマン的キャラクターが共感を集め、表と裏の顔の落差が評判になります。現代で例えるなら、警察官が殺し屋という驚きでしょうか。

中村主水を演じる経緯として、父は後年「いろんな役者に断られて、ギリギリで俺のところに回ってきた」と語っていましたが、どうやらそれはリップサービスの持ちネタで、朝日放送の山内久司プロデューサーや松竹の櫻井洋三プロデューサーによると、最初から主水役は藤田まことで確定だったようです。

若き日、ショーの幕間で暗い表情をしていた父の姿を山内さんが見ていたそうで、それが決め手のひとつでした。もちろん『てなもんや三度笠』ほか朝日放送への貢献もあり、前年のNHK大河ドラマ『新・平家物語』における朱鼻《あかはな》の伴卜《ばんぼく》役も評判でした。

『仕掛人』に続いて『仕置人』を撮る予定だった深作欣二監督も藤田まことの起用に大賛成でしたが、残念ながら東映の映画『仁義なき戦い』の大ヒットとシリーズ化によって多忙となり降板。しかし第1話「いのちを売ってさらし首」は、松竹の貞永方久監督によってすばらしい作品に仕上がりました。

さて、主水が登場するや袖の下（賄賂《わいろ》）を要求するシーンがあったり、上役への献上品の一部を厠《かわや》でくすねたり……そういう部分も勧善懲悪の時代劇と違って人間くさく、藤田まことらしい役どころとなりました。「へへへへ」と笑いながら袖の下を受け取っても視聴者に嫌悪感を与えないというのは、コメディアン出身の愛嬌でしょうか。

菅井きんさんの姑「せん」、白木万理さんの妻「りつ」という〝戦慄コンビ〟による中村家のシーンも人気の秘訣です。当初はシリアスでしたが、どんどんコミカルになっていき、情けない主水さんの姿が見せ場になりました。そのギャップとして、人知れず裏で悪党を斬るシーンも抜群です。

「的場さん、死んでください。浜田屋さん、あんたもだ――」

第1話で、奉行所の腐敗に絶望した主水は仲間とともに仕置人となり、みずからの手で闇の処刑を宣言。続く各話も練られたシナリオをもとに工藤栄一監督、蔵原惟繕監督、松野宏軌監督ら名匠の方々が手腕を発揮していきました。

大映出身のベテラン・三隅研次監督からは「おっさん、あんた下手やなぁ」と厳しく指導されたそうですが、その後のシリーズで再会した際に「この役は一生もんになるかもしれない。大切にしいや」と言われ、実際そのとおりになりました。

「京都映画の現場は役者冥利に尽きる」

『必殺仕置人』は太秦の「京都映画」（現・松竹撮影所）で制作されましたが、ここはかつて藤田まことの父・藤間林太郎が俳優として所属していた松竹京都の撮影所でした。

そういう縁もあり、製作主任の渡辺寿男さんや進行の鈴木政喜さんといった古株スタッフから歓迎され、父にとって京都映画は生涯〝ファミリー〟のような撮影所となりました。

ただし当初は「なめられまい」と突っ張っていたそうで、高級外車に乗って現場入りしていましたが、雰囲気を察して、すぐ国産車に替えたというエピソードも残されています。

光と影の映像美を作り上げたカメラマンの石原興《しげる》さん、照明技師の中島利男さんという名コンビも必殺シリーズには欠かせません。同じ太秦でも東映京都に比べて京都映画は潰れかけの小さな撮影所であり、さまざまな制約を逆手に取って、若手のスタッフが創意工夫で斬新な映像を作り出す……そのスタンスに父が大いに共感したことは、さまざまな機会で語り継がれています。

京都映画のみなさんも藤田まことのことを「おとうさん」と呼ぶようになり、まさに家庭的な雰囲気とスタッフの情熱で続いていったのが必殺シリーズだと思います。

父自身も大阪在住ですし、「時間がかかっても、いい作品を作ろう」というある種ののんびりした余裕のある現場を〝関西風〟と言っていました。現代の要素を取り入れた風刺のきいたストーリー、中村家ほかのコミカルな描写、金で殺しを請け負うという企画そのものが江戸を舞台にしながらも関西風だと。同じくホームドラマ要素のある東映の『大岡越前』と比較して、その生活感の差を指摘していました。

『必殺仕置人』の中村主水は、その後36年にわたる当たり役に

「京都映画の現場は役者冥利に尽きる」

これも父の言葉です。監督さんやカメラマンさんだけでなく、各パートの若い助手さんでも「台本のここがおかしい」となったら意見を出す。そんな自由な現場で、たちまちディスカッションが始まり、撮影を中断してでも台本を直す。手間暇かけていいものが作られる様子が父は大好きで、自分からも積極的に意見を出すようになりました。

『必殺仕置人』が始まったころ、わたしは9歳でしたが、弟と一緒に京都映画に連れていってもらったことがありました。棺桶の錠役の沖雅也さんが弟の相手をしてくださって、扇子を手に遊んでくれる優しい方でしたね。

ただし、撮影所で父が仕事をしている空間というのは緊張感がありました。もちろんスタッフさんたちも真剣ですし、「本番!」という声がかかると現場にピーンと緊張が走り、子供心に「息したらあかんのちゃうかな……」と思ったほどです。

ですから、あまり長居はしなくて、わたしと弟の楽しみは帰り道のドライブで父がファミリーレストランに寄って、ごちそうしてくれることでした。それを目当てに撮影所まで行っていたような気がします。

レギュラーの方の思い出ですと、鉄砲玉のおきんを演じた野川由美子さんとは共演の機会が多く、その後も『夫婦善哉』『夫婦のれん』『夫婦浮草物語』など父とコンビの舞台にいろいろと出演してくださり、独立の際もお世話になりました。

シリーズの変遷、ホテルがだんだん大きく……

『必殺仕置人』に続く第3弾『助け人走る』は田村高廣さんと中谷一郎さんのコンビが主役ですが、第12話「同心大疑惑」で中村主水はゲストとして再登場、キャラクターとしての人気がうかがえます。１９７４年の正月第1弾のおめでたい放送で、あの厳しい三隅監督によるメガホンでした。

そして第4弾『暗闇仕留人』で、さっそく中村主水はレギュラーとして復帰。石坂浩二さん、近藤洋介さんが義理の弟という三兄弟の殺し屋もので、当時のオイルショックという世相を黒船来航、幕末の動乱と重ね合わせたダークな作品でした。

緒形拳さん主演の『必殺必中仕事屋稼業』放送中の1975年4月、朝日放送のネット局がTBSからNET（現・テレビ朝日）に代わり、放送時間が土曜22時から金曜22時に変更されます。『必殺』が抜けた土曜22時では毎日放送・東映による『影同心』が始まりますが、同心が裏で悪を裁くという設定は、まさに主水人気を反映したものでした。

すかさず本家は『必殺仕置屋稼業』『必殺仕業人』と、中村主水を連続登板させる異例の措置で対抗。しかし、どの作品も〝トメ〟――藤田まことのクレジットは、いちばん最後でした。そして、シリーズ第10弾『新必殺仕置人』で名実ともに中村主水が主人公になります。念仏の鉄を演じた山﨑努さんとふたたび組み、いまも人気の高い作品として語り継がれていますが、コメディアン出身の父と新劇育ちの山﨑さんは、いい意味でのライバルとして馴れ合うことなく、緊張感をもって本番に臨んでいました。

父は競馬が大好きだったので、京都映画のスタッフのみなさんとよく一緒に馬券を買って、レースになると撮影が中断することさえもあったそうです。それから時間が空くと、衣裳を着たまま、羽二重を巻いたままパチンコ屋さんで打っていました。「それが許される街なんやぁ」と言ってましたね。撮影所の近くにある大映通り商店街には美濃屋さん、つたやさんなど馴染みの飲食店もたくさんありました。

最初のころ父の京都の定宿は、ホテルギンモンドという普通のビジネスホテルでした。大文字焼きの季節になると、屋上にテーブルを作って一緒に見物したのを覚えています。そこから全日空ホテルや京都ホテル、泊まるホテルがだんだん大きくなって「あぁ、やっぱり父はがんばってるんだな」と実感しました。

もちろんプロデューサーさんたちとも仲良しで、うちの母を交えてよくゴルフに出かけていました。家族旅行のときも、まさに家族ぐるみの付き合いです。

山内さんは子供ながらに近寄りがたい雰囲気で、櫻井さんはエネルギーがたくさんある方でしたね。豪快だけど、いつも女性と子供に優しくて、おもしろいことを話してくれる。女優さんにも優しい人でした。ああいうプロデューサーは、もういらっしゃらないんでしょうね。監督さんでは、200本以上という最多登板の松野宏軌監督……父が全信頼を置いていた方のおひとりだと思います。

空前の仕事人ブーム到来！

『必殺仕事人』
1979～1981年放送（全84話）
出演：藤田まこと、伊吹吾郎、三田村邦彦ほか
脚本：野上龍雄、尾中洋一、石森史郎ほか
監督：松野宏軌、貞永方久、原田雄一ほか
制作：朝日放送、松竹

1979年5月、シリーズ第15弾の『必殺仕事人』が始まります。オカルトを題材にした前作『翔べ！必殺うらごろし』の低迷で「これがダメならシリーズ打ち切り」という崖っぷちの状況で企画された作品であり、原点回帰を目指して番宣ポスターには「あの主水が還って来た」とありました。

新しい仲間は伊吹吾郎さん演じる浪人・畷左門と三田村邦彦さん演じる飾り職人の秀。

父は伊吹さんのことを「本当の侍のようだ」と言っておりました。

そして三田村さんは、父がもっとも目をかけた若手俳優のおひとりです。「みーちゃん」と呼んでかわいがり、京都映画のスタッフのみなさんも同様でした。そして三田村さん演じる秀の人気が若い女性を中心に高まり、視聴率も上昇。当初は半年、2クール（全26話）を予定していた『仕事人』は1クール、もう1クールと何度も延長され、ついには全84話、1年8ヶ月という記録を残したのです。

秀の人気が高まるに連れて、ストーリーもハードなものからソフトへとパターン化され、80年代という時代にふさわしいある種の〝軽さ〟にシフトしていきました。そして『新必殺仕事人』からは中条きよしさん演じる三味線屋の勇次が加わり、秀と勇次のコンビによって仕事人ブームが高まります。

テレビのスペシャル版も制作されるようになり、京都・南座の夏興行『納涼必殺まつり』や84年の『必殺！　THE HISSATSU』から始まる劇場版のシリーズへと広がっていきました。『必殺仕事人Ⅲ』では歴代最高視聴率の37・1％を記録し、まさしくブーム絶頂期、わたしも南座の舞台を手伝いましたが、もう連日、本当にたくさんのお客さまでした。

父は三田村さんをかわいがっていて、うちで飼っていたワンちゃんに〝ヒデ〟と名づけるほどでした。京都の山奥に撮影で行ったとき、火野正平さんが6匹の子犬を見つけて、みんなで1匹ずつ自宅に持って帰ったんです。火野さんやスタッフの方々で。

そして、いちばん最後まで残り、撮影所で飼っていたワンちゃんを父が引き取ったのです。赤い屋根の犬小屋ごとタクシーに乗せて、突然わが家に連れてきたのですが、本当に賢くて父に忠実なワンちゃんでした。ある日、父から電話があって「ヒデの夢を見たから、いまから帰ります」。京都で泊まるはずだったのに心配で戻ってきたこともありました。

ヒデちゃんが亡くなったとき、父は『はぐれ刑事純情派』の撮影でオーストラリアのパースに出発する日でした。わたしたちはヒデちゃんのお葬式を終えたあと合流することになっていて、もう妹の絵美子と一緒にずっと飛行機の中で泣きっぱなしで。

それから現地に到着して父のホテルの部屋に入ったら、ベッドの横のサイドテーブルにヒデちゃんの写真とお供えのソーセージが置いてありました。父の気持ちを考えたら、また涙が出てきて……。それくらい、ヒデちゃんは原田家にとって大切な存在だったんです。

母の店にはよく朝日放送の松本明監督もいらしていて、ご近所さんでした。ギラッとした怖い大人でしたが、父が亡くなったあとは松本監督にも大変お世話になり、窮地を救っていただきました。

「やっぱり『必殺』やなぁ。あれを超える作品はない」

松本監督は、よくそう仰っていました。カメラマンから演出をされるようになった石原監督にもお会いするたびに、昔は楽しかったという思い出話をうかがいます。「おとうちゃん」と父のことを呼んでくださる、そのお顔がとても滋味深く、うれしく思います。

「中村主水は俺だけやからな」

父は「いつも主役でいたい」という人間でした。要するにトメだったり中ドメというのは性に合わない。常に勝負していたいから主役でがんばりたい、四番バッターでいたい……そういう考えでした。ですから断ったお仕事も多いのではないかと思います。

後年、東山紀之さんの『必殺仕事人２００７』が始まったときは、「そろそろパパも次の世代に引き継ぐ年齢になった。そういう時代やなぁ」と話していました。自分のなかで、なにか区切りがついたのでしょう。しっかりと主水のままトメに回って、『必殺』を若手のみなさまに継承していただいたのです。しかし、これだけは言っていました。

「中村主水は俺だけやからな」

その言葉は何度も聞いています。本人だけでなく、スタッフのみなさんも「中村主水はおとうさんしかいない」と仰ってくださいますし、あの役は誰にもできないでしょう。

それだけ大事に大事に作りあげてきた役で、よく父は「『必殺』というのは夢物語や」と言っていました。現実ではなく、「チャララ〜♪」と殺しの音楽が鳴った途端に夢物語に入っていくんやと。

サラリーマンの生活を時代劇に置き換えて、裏と表の落差を出す……いろいろな意味で、たくさんの苦労があった人だからこそ、あの背中で語ることができた。哀愁ある姿が中村主水という役にぴったりだったんでしょうね。

必殺シリーズが50周年を迎えた2022年を機に『必殺シリーズ秘史　50年目の告白録』や『必殺仕置人大全』など書籍の刊行が盛んになり、多くの関係者の方々が現場の舞台裏や藤田まことのエピソードを語り継いでくださっています。

それによると、ただ中村主水として出演するだけでなく、父が脚本段階からアイデアを出すこともあったようですね。『必殺シリーズ談義　27人の回想録』において脚本家の田上雄先生が語られていましたが、『必殺仕置屋稼業』の「一筆啓上姦計が見えた」というエピソードは父から原案を提示されたそうです。なかなか残酷で、えげつない話なのですが……。

『新必殺仕置人』には母の実家、能登の総本家濱田屋による協力で輪島塗を扱った「宣伝無用」というエピソードがあります。さらに『必殺仕事人』の「崩し技真偽友禅染め落し」では和倉温泉までロケに行き、わたしたち家族も一緒でした。スタッフ・キャストの方々の夏休みを兼ねて3泊4日ほど、宿泊先は母の知り合いの銀水閣というホテルです。三田村さんや鮎川いずみさんもご一緒で、父は大宴会場で歌ったり……そうやってワイワイして、地元の夏祭りにも顔を出し、とにかくサービス精神旺盛な父でした。

2024年1月1日、能登は未曾有の大地震に見舞われ、母の実家のビルも傾いてしまい、解体作業が行われました。1年が立ちましたが、まだまだ被災の状況は大変なものであり、一刻も早い復旧を願っております。

必殺シリーズ現場スナップ集

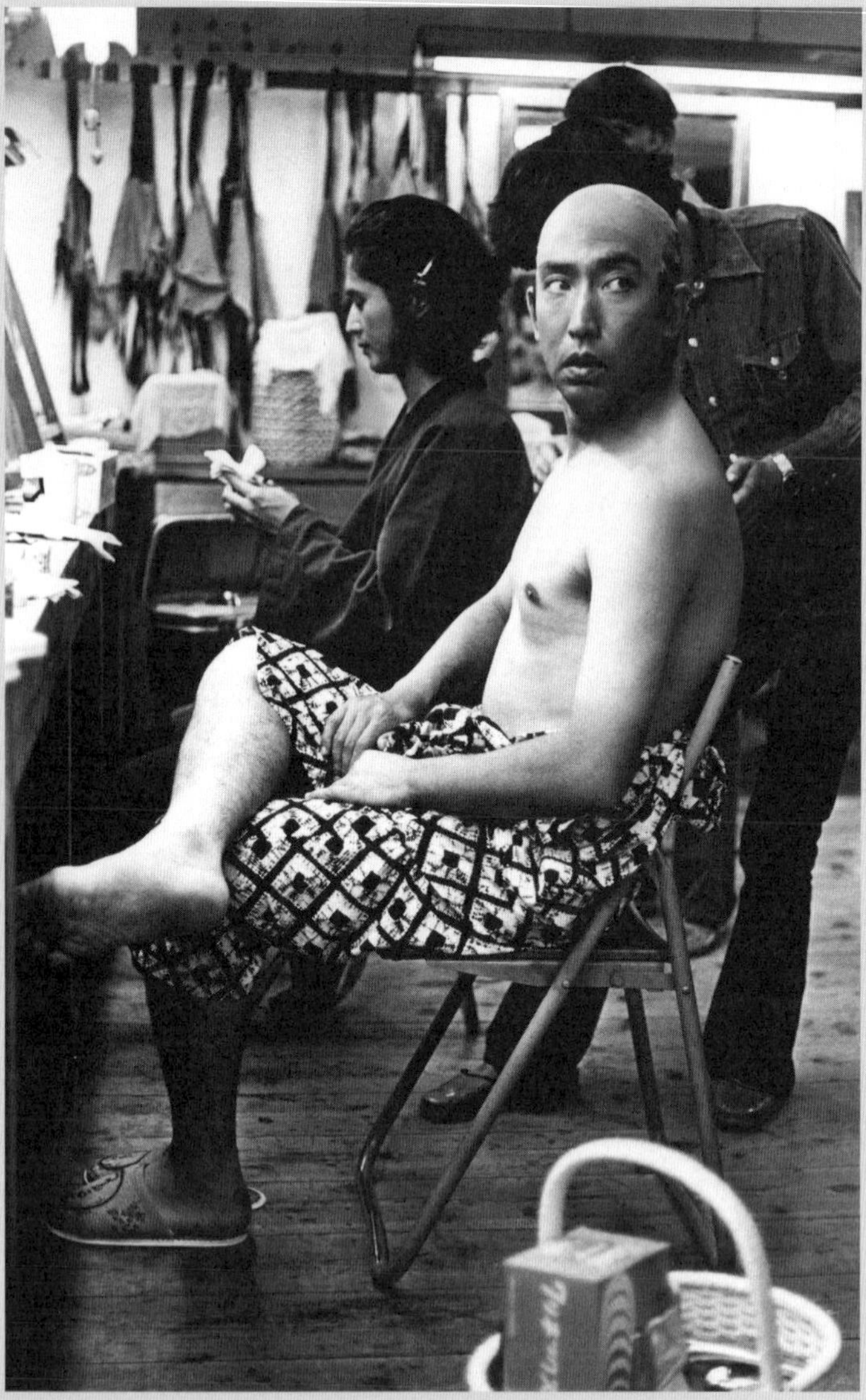

京都映画の支度部屋で準備中の藤田まこと、『必殺仕置人』のころ

1976年の『必殺仕業人』から中村主水の襟巻きが定番スタイルに

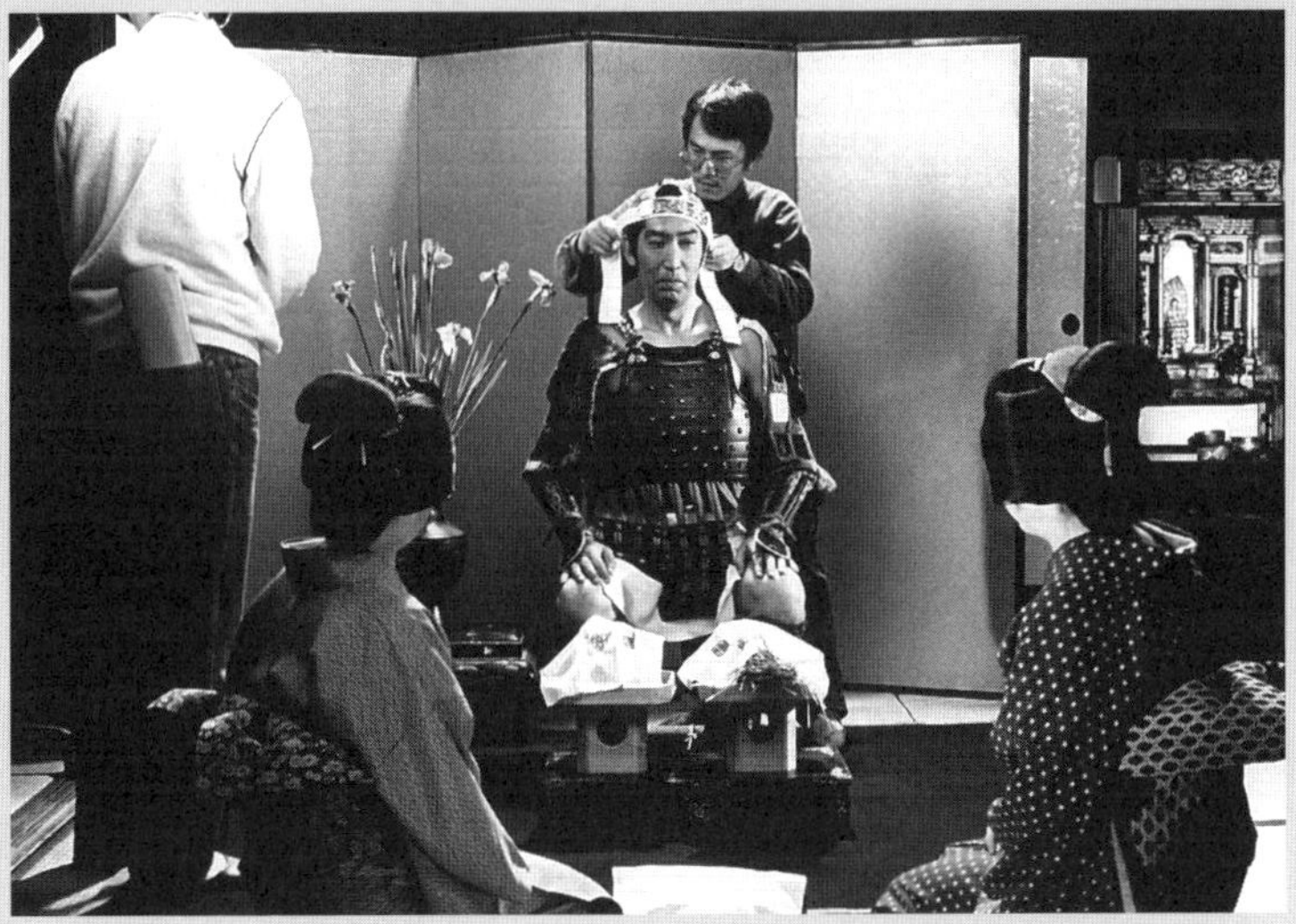

『必殺仕事人Ⅲ』の中村家の撮影、コミカルな日常描写も人気の秘訣

藤田まことを偲ぶ

三田村邦彦
兄のような、親友のような

1979年スタートの『必殺仕事人』で飾り職人の秀を演じた三田村邦彦は、藤田まことにかわいがられ、晩年まで交流が続いていた。若手の俳優という立場で数多くのことを学び、秀役として80年代の仕事人ブームを牽引した三田村が、あらためて語る藤田まことの思い出とは。

「わしはキャッチャーや」

お芝居全般について、本当に多くの引き出しを持っていました。藤田さんって俳優が感情を入れにくいような説明セリフをものすごく上手に、自分の気持ちを乗せておしゃべりになるんですよ。時代劇でも刑事ドラマでも「どこどこで誰々が亡くなった」というようなセリフを、まるで自分の家族のことのように悲しく……もう独特の言葉になっているんですね。そんな芝居が、いとも簡単にできてしまう。

最初のころは「どうしてこんな演技ができるんだろう?」って不思議で、ずっとお付き合いをさせていただいていくなかで、あんまりご自分のことはしゃべらない方なんですが、藤田さんの生い立ちや下積みの話をうかがったんです。これはもうかなわない、追いつかないと思いました。そんな経験をできるわけもないし、食えない時代が長くおありになった方なので、そのときに大変な思いをされたんでしょう。

それから「わしはキャッチャーや」と言って、どんな芝居でも受けるから好きなようにやってくれ、カーブでも直球でもサインなしでどんどん投げてくれと。『必殺仕事人』の現場でもね、テストを何回かやりますが、その都度、藤田さんの受け方が違うんです。

たとえば秀が「おっさん、いい死に方しねえぞ」と主水に言う。それに対する返しが軽かったり、ドスがきいてたり……瞬間にして違う。ちゃんと相手のセリフや感情を受け止めているから、毎回返し方の表現が変わってくるんだと思います。この歳になって、ようやくちょっとわかってきました。

見ごたえのあった三國連太郎との共演

『京都殺人案内』で三國連太郎さんが犯人役の回があったんです。『必殺』も同じ京都映画なので、ぼくは空いてる時間によく現場を見にいったんですよ。おふたりが、どう演じてるんだろうと。

とくにすごかったのが最後の取調室のシーン。三國さんは緻密に計算されて、おそらく台本を読み込んで、一言一句きっちり「ここはこう言おう」と決めて、それをリハーサルから本番まで変えないんですね。いい意味の不器用さで、まっしぐらに集中してるんですよ。だから藤田さんがどんな演技で返そうとも、ご自分の姿勢を崩さない。藤田さんはそれを崩したいもんだから、いろいろな角度からアプローチをする。

その戦いがおもしろくて、何度かリハをやってたんですけど、いやもっとやってもらえないかなって（笑）、それくらい見ていて楽しかった。藤田さんが変化球をどんどん投げて、しかし三國さんは動じない。まぁ、見ごたえがありました。間の取り方だったり、全部すごかったですね。

１００あったら１００とおりの演技ができる俳優さんだと思います。『必殺』のときも食事に連れていってもらって、朝の5時まで飲んで、でも次の日ちゃんとセリフをしゃべってる……あのセリフの覚え方って、なんですかね。おそらく自分の頭で噛み砕いて、吸収しているんだと思うんです。

要するに〝覚える〟という作業じゃなくて、このときの気持ちはどうなんだろうと感情を体に入れるから、スッと自分のものになっている。だから藤田さんのホン直しって的確なんですよ。監督もスタッフも誰しもが納得する……そういうセリフの持っていき方ですね。「こっちのほうがいいんじゃないか」ということを瞬時に考えて、表現できる俳優さんでした。

その昔、藤田さんが芸人だったころにプライベートで因縁のあった俳優さんがいたんです。勝新太郎さんの仲介で手打ちをしたそうで、その俳優さんが『必殺』に何度もゲストで来てたんですよ。それだけ困っているのかもしれんし、

藤田さんに「よくＯＫしましたね」って言ったら「いや、本人が一番つらいんや。それだけ困っているのかもしれんし、もうわしがなんにも言うべきことではない」と。すごいなぁ、この人は……と思いました。

普通だったら「あんなやつ、あかんわ」と主役が言えば、もう終わりですよ。そうすることもなく、しかも現場でもその俳優さんと普通に話をしていますから。器の大きい方だと思いました。

人前で怒ったのを見たのは数えるほどしかないですね。ある共演者が舞台で明らかに手抜きをしたときなんて、かなり怒ってました。それから「あいつは、もうあかんねん」という相手に対しては、それこそ本人の責任だからと相手にしていませんでした。「自分でわからないと……さんざん言ってわからないんだから、もうあかん」と、すっぱり見放すようなところもありました。

ぼくが藤田さんから学んだことで、いまだに守っているのは〝俳優が俳優にダメ出しをしない〟ということ。これは基本中の基本で守ってますね。

それから細かいこともいろいろありますが……フィルムの時代って録音部さんがガンマイクでやってるから、ロケで風が強かったりすると「もうちょっと声張ってや！」と言われるんですけど、そう

やってセリフをしゃべると、どうしても気持ちが乗らないんですよ。

藤田さんに相談したら、テストで「声張ってや！」と言われても、できるだけボリュームを下げる。そうすると録音部さんが入力レベルを上げるから、本番で少しだけ声を張ったらいいって言われて「あぁ、なるほど」。普通ならテストは声を張ってしまい、本番で気持ちが入るとグッと落ちたり低くなったりするんですけど、その逆という。

舞台の場合、お客さんがちょっとざわついてきたら、そのときも声を抑える。そうするとセリフを聞こうとするから話が止む。拍手が想定外のところできたら静まるまで待ってあげる。拍手しているところでセリフを言っても聞こえないから。そういう技術的な細かい要素は、普段やってるときに「こんなことも言われたな」「あんなことも言われたな」って思い出しますね。

舞台の『東海林《しょうじ》太郎物語』を見にいかせてもらったんですけど、ぼくの父親が大好きだったりして、東海林太郎さんの歌は子供のときから親しみがあったんです。で、藤田さんの舞台を後方の席で拝見したら、どこからどう見ても、気持ち悪いくらい東海林太郎さんなんですよ。声も歌い方も。

「藤田さん、どこで発声練習を学んだんですか？」と聞いたら、習ってへんわと。でも、あの太い声はすごくて、声量もあるし低音部分が響くんです。何度聞いても「いや、ちゃんとした発声練習はやってない」と仰ってましたが、やっていたとしてもそういう苦労を表に出さない人でしたね。

「大丈夫、大丈夫や、みーちゃん」

ぼくは今年71歳ですが、藤田さんとは20違うんです。76歳で亡くなられたから、ぼくが56歳のとき。20も離れていると、普通もっと親子みたいな関係だと思うんですけど、藤田さんの場合ぜんぜんそうじゃなくて、失礼ながら兄のような、親友のような……そこまで歳が離れてない感じなんですよ。兄貴分ともまたちょっと違うかな。垣根のない本当にフレンドリーな方で、スタッフに対してもそうでした。京都映画のスタッフはみんな「おとうさん、おとうさん」と藤田さんのことを呼んで、カメラマンの石原（興）さんなんか平気で「おとうさん、ちゃいまっせ！」とか（笑）。「それやったら、こうでっせ！」「あぁ、そやな」みたいな感じ。撮影所自体がそういう雰囲気のところでした。

最後にお会いしたのは、亡くなられる前の年の12月でしたね。京都映画にちょっとご挨拶に行って、それが最後でした。そのあとも電話で「大丈夫、大丈夫や、みーちゃん」って、そういう会話はしていたのですが……。

亡くなられたあとは、すぐ新幹線に飛び乗って箕面のご自宅に行きました。そこにいた俳優さんは、ぼくだけでしたね。いまだに藤田さんの電話番号は残してあって、なんというか……いつでもかけられる、かかってくるような気持ちです。

いつだったか、「70超えてドラマの主役を何本もやってるの俺くらいだろう。恵まれてるんだよ」と仰っていました。でも、それは恵まれているのではなく、ご自分でつかみ取ったものであり、ほかの俳優には真似できない主役の座ですよ。もっと自慢していいはずなのに、そんな謙虚な言葉でした。

『必殺』が終わったあと、現代劇をいろいろやりながら自分でもよくわからない状況になったとき、いったん仕事をオフにして藤田さんの付き人やろうかなって、本気でそう思った時期もありました。実際はオファーが続くものですから、とうとうできませんでしたが。東京で『はぐれ刑事純情派』をやっているとき、ぼくは運転もできるし付き人やろうかなって、ずいぶん考えました。

たくさんごちそうになりましたが、一度だけ藤田さんに恩返しをさせてくださいということで、小さな家庭料理屋さんの二階を貸切にして食事をしたことがあったんです。「あぁ、ええなぁ、ええなぁ」とよろこんでくださいました。その後も絶対に払わせてくれませんでしたが、うれしい思い出です。

藤田さんから教わったことや学んだことは、もう語り尽くせませんね。

第6章

歩き続けた『京都殺人案内』

勝新太郎、中村玉緒、若山富三郎

必殺シリーズで復活を果たした藤田まことですが、そのほかにも多くのドラマに出演しています。１９７３年4月から1年間にわたって放送されたＮＨＫ大阪放送局のホームドラマ『けったいな人びと』では大阪・靭《うつぼ》の海産物問屋のボンボン息子として八千草薫さんたちと〝けったいな〟家族の一員となり、75年には『続けったいな人びと』が制作されました。ほかにも『河内まんだら』『ああ、お父ちゃん』『道頓堀川』など〝大阪もの〟がいくつもあり、『いのち燃ゆる日日』など東京のドラマにも出演しています。

時代劇では、１９７５年に勝プロダクションの『夫婦旅日記　さらば浪人』（フジテレビ）に主演。勝新太郎さんの奥さま、中村玉緒さんと夫婦役の時代劇ですが、こちらも中村主水同様じつは凄腕ながらそれを隠して仕官のために旅を続ける人情色の強い作品でした。京都映画の隣にあった大映京都撮影所で制作されており、父は『必殺』との掛け持ちで両方を往復していたそうです。

玉緒さんとは『さらば浪人』の舞台でもご一緒しており、名古屋・名鉄ホールの公演などでは、わたしも父に付いていたことがありました。玉緒さんはパチンコがお好きで、父もそうでしたから、合間によく打たれていたのを覚えています。たまに勝さんが楽屋のれんをパッと開けて「おう、おつかれさん」と父にご挨拶されたり、お隣の楽屋で玉緒さんと勝さんが仲良く笑っていたり……そんな声が聞こえてきたこともありました。

大映の大スター・勝新太郎さんと初めて共演したのは1963年の『悪名市場』という映画でした。父の役は田宮二郎さん演じる清次のニセモノで、いわゆるコメディリリーフ、それから勝さんとのお付き合いが始まり、『悪名』や『座頭市』のシリーズに何本も出演しています。もちろん夜のお付き合いもあり、毎回ごちそうになって「勝さんの借金の一部は俺の飲み代や」と言っていました。

飲みすぎて役者としては遅刻ばかりの勝さんですが、監督のときは別人のように時間に厳密で、『さらば浪人』を担当した際の演出もタイミングなどの指示が細かく、出来上がった作品はすべての出演者が勝さんの〝間〟になっている……それほど個性的な監督ぶりだったそうです。

お兄さまの若山富三郎さんとも親しくさせていただきました。父が師と仰ぐ辰巳柳太郎先生に失礼なことをした某若手役者に怒り、「この仇は俺がとってやる」と、土下座させたことがあったとかなかったとか。いまだと完全にアウトかもしれませんが、義理人情の昭和らしいエピソードですね。また、『重役室午前0時』というスペシャルドラマでは、若山さんが銀行の頭取、父が専務に扮して正面からぶつかっていました。

「今度は藤田さんの現代劇の代表作にしよう」

『京都殺人案内』
1979〜2010年放送（全32作）
出演：藤田まこと、萬田久子、遠藤太津朗ほか
原作：山村美紗（1作目のみ）、和久峻三
脚本：国弘威雄、保利吉紀、吉田剛ほか
監督：工藤栄一、松野宏軌、岡屋龍一ほか

制作：朝日放送、松竹

日本初の2時間ドラマ枠「土曜ワイド劇場」が1977年にテレビ朝日系で始まり、藤田まことは『京都殺人案内』の音川音次郎刑事を新たな当たり役とします。必殺シリーズと同じ朝日放送・松竹の制作で、79年に第1作『京都殺人案内　花の棺』が始まるとき、京都映画のスタッフの方々は「今度は藤田さんの現代劇の代表作にしよう」と気合いをいれたそうです。その甲斐あって全32作の長寿シリーズとなりました。

じつは『花の棺』の主人公は狩矢荘助刑事で、山村美紗先生の原作だったのですが、あまりにも小説と異なる改変に怒った山村先生が朝日放送にクレームを入れて、2作目の『呪われた婚約』から和久峻三先生の原作に交代。こうした経緯で音川音次郎刑事になるという事件がありました。

まず音川刑事の特徴といえば、足を使った捜査です。亡き妻の折りたたみ傘を手に京都を、そして地方のひなびた道沿いを歩き、事件の真相にたどりつきます。社会的な地位を確立した成功者が、忌まわしき過去を封じるため殺人を犯す。やがて京都府警の音川が捜査に乗り出し、執念の果てに容疑者を落とす――これがシリーズ大半のストーリーです。「情景カットをふんだんに入れられるのが、2時間ドラマの醍醐味」

そう父が語ったように、旅情と人情を全面に押し出し、日本中を訪ねて回りました。

1作目では北海道、2作目では能登、そのほか多くの地方を歩き、なんと韓国にも渡っています。第28作『涙そうそう沖縄』では兄の眞一さんが戦死した沖縄でロケを行い、かねてからの父の念願が叶いました。

三國連太郎さんがゲストの第4作『亡き妻に捧げる犯人』では、常に音川刑事が持ち歩く折りたたみ傘の謎が明かされます。「この国ですわ、犯人は……」とつぶやく第8作『刑事の娘を襲った悪徳サラ金』など、戦争の悲劇を扱ったエピソードもあり、藤田まことにとって思い入れの深い作品となりました。必殺シリーズのような連続ドラマに比べて余裕があるので、脚本家の保利吉紀先生にもいろいろと注文を出してしまったそうです。

「音やん、また出張かいな」と渋る秋山捜査一課長……遠藤太津朗さんと父のコミカルなかけ合いも見どころです。悪役として活躍された遠藤さんとは共演の機会も多く、まさに名コンビでした。

父が亡くなったあと、遠藤さんは箕面の自宅に来てくださいました。もう足が不自由だったのですが、床山の八木光彦さんが連れてきてくれたんです。お線香をあげてくださって、遠藤さんが「そろそろ、わしもそっちに行くからな。待っててや……」と。その後、遠藤さんも2012年に父のもとへ行かれました。

音川と一人娘の洋子とのシーンもドラマに温かみを与えます。洋子役は小林かおりさん、荒木由美子さんを経て第8作『刑事の娘を襲った悪徳サラ金』から萬田久子さんが演じられています。本当の父娘のようで、藤田まことの長女としては音川家のシーンを見るのに不思議な感覚もありましたが、やはり優しい父親の魅力が画面にあふれていました。毎回、大好きなシーンだったんです。

萬田さんはプライベートでも父を「おとうちゃん、おとうちゃん」と呼んでくださって、長きにわたり親しくさせていただいておりました。とても華やかでチャーミングな女優さんで、スポンサーの方々をふくめてハワイでご一緒させていただいたことも楽しい思い出のひとつです。

萬田さんのお母さまも父のファンでいてくださって、いつも舞台のときは楽屋見舞いにいらしていただいておりました。父が病気で入院した際も萬田さんからのお見舞いでおしゃれなニット帽を頂戴して、手術のときもその帽子をかぶって……まるで戦場に向かうような姿でした。

『京都殺人案内』で役者人生の幕を――

巨匠の工藤栄一監督をはじめ必殺シリーズの監督陣が手がけた『京都殺人案内』ですが、第16作『復讐の逆転法廷』は初顔合わせの岡屋龍一監督が担当され、それ以降はすべて岡屋監督となりました。

手際のよい岡屋監督は、その後『はぐれ刑事純情派』も撮られますが、とても温和な監督さんでした。地方ロケ恒例の宴会では「東の岡屋と西の藤田が歌います」という挨拶から始まって、岡晴夫さんの「逢いたかったぜ」など多くの歌でスタッフのみなさんを盛り上げたそうです。

「雪が降るなか藤田さんを歩かせて、クロード・チアリの音楽を入れるといくらでも成立するんです。後ろ姿で1分もつ役者は藤田さんだけでしょう」

岡屋監督が生前のインタビューで語られていたように、本当に父は歩く姿が画になる人でした。クロード・チアリさんによる哀しいギターの音色も『京都殺人案内』の特色であり、必殺シリーズの平尾昌晃さん同様、藤田まことのドラマは音楽にも恵まれています。

最後の出演作となった第32作『京友禅に染め込む殺意の紅！』ですが、わたしはつらくて今も見ることができません。お寿司一貫の半分も食べることができなくなっていた父が気力を振り絞って出演した作品で、もう死相が出ているような気がして……歩くシーンもほとんど吹替でしたが、でも鴨川での萬田さんとのラストシーンでは、自分の足で立ち上がり、ゆっくり歩いたとスタッフの方からお聞きしました。

歩き続けた『京都殺人案内』で、藤田まことの役者人生は幕を閉じました。そのような意味でも忘れられない作品です。

藤田まことを偲ぶ

萬田久子

プライベートでも「おとうちゃん」

1983年、土曜ワイド劇場『京都殺人案内』の8作目から音川洋子を演じた萬田久子は、藤田まこと最後の出演作となった2010年の32作目までずっと父娘の役を続けてきた。プライベートでも藤田を「おとうちゃん」と呼んで親交のあった萬田が振り返る27年の軌跡。

とにかくアフター現場が楽しみで

藤田さんとの思い出といえば、まずは現場のことより〝アフター現場〟なんです。京都のおいしいお店に連れていってもらって、プライベートでも「おとうちゃん」と呼ばせていただいてました。『京都殺人案内』の洋子を演じたのは25歳のころかな。わたしで3人目です。おとうちゃんからも「洋子」と呼ばれていましたが、とにかくアフター現場が楽しみで、わたしの母を祇園の割烹に招待してくださったこともありました。あとはお寿司屋さんや串揚げ屋さん。

それからシリーズの途中で、わたしニューヨークに行って出産したんですね。日本に帰ったとき、いちばん最初に取材を受けてくれたのもおとうちゃんで「ぼくの子供と間違えられてるんや」とか、そんなおもしろおかしいことを言って、防波堤になってくれました。

復帰作も『京都殺人案内』だったんです。もう女優に戻るつもりはなくて、でも「レギュラーで続いてる仕事、これだけやる気ある？」という連絡がマネージャーからきたんです。それでニューヨークから戻って、1本だけやらせてもらって、すごくおもしろかったのね。いままで以上に現場が楽しくて、また女優を続けることになったんです。

シリーズが続いて、洋子が結婚する回もありました。でも、けっきょく別れて音川の家に戻って、ビデオ屋の店長になってみたり、仕事を転々として……もともとは旅行会社だったかな。わたしが襲われるような話が最初で、まだ25〜26のやんちゃなころ（笑）。

『京都殺人案内32』のラストシーン

芝居には厳しい方でした。でも、わたしには穏やかでいらっしゃった。できないと思ったからでしょうけど（笑）、「しゃあない。助けてあげよう」と思ってくださったのかもしれません。アフター現場もふくめて、ずっと優しかったです。

おとうちゃんの現場の思い出は……やっぱり声がね、ものすごく通るんです。あの声、ソフトな低音ボイスはよく覚えています。訥々としゃべるセリフなんですけど、「洋子」って呼ばれるとセリフなのか、プライベートなのかわからない。

『京都殺人案内』というドラマのなかで、音川の家ってホッとするシーンなんです。だからご自身のなかでも刑事じゃなくて、娘の父親になりきっていたのかもしれない。自然になのか、役者魂なのかわかりませんけれど、玄関の扉を開けた瞬間からそうでした。

で、遠藤太津朗さんが来ると、また違う顔になるの。課長と音川のシーンはおもしろかったし、あのかけ合いを目の前で見たというのはすごいことです。おふたりの味がすばらしいから。

おとうちゃんって年齢不詳の人でしたね。70過ぎても刑事役をやれるなんて……後半になると「ふたりともこんな年齢になったら、娘と父というより愛人関係やな。初めて見る人は、そう思うで」なんて言っていました(笑)。でも、本当の娘みたいな気持ちもあったと思うんです。撮影のときだけは、実の娘さんの敬子ちゃんや絵美子ちゃんより一緒の時間を過ごしてましたから。

最後の作品となった『京都殺人案内32』のとき、もうおとうちゃんは本当にしんどそうで、自分では動けない状態でした。音川家のセットでもずっとこたつにいて、出るときは助監督さんに抱えてもらう。笑う場面は手を叩いて表現なさっていらして、「あぁ、こうまでしてお芝居をやるんだ……」と思いました。

だけどラストシーンの鴨川、あそこは歩かれたんですよ、ご自分で。いつものコートを着て、あの折りたたみ傘を持って……すごく覚えています。でも、これが最後、おとうちゃんがこの世からいなくなるなんて思いませんでした。また次があると信じていたし、ご本人も「もう会われへん」みたいなことは一切言わないし。

「人生もゴルフも裏街道まっしぐらやな」

現場の思い出といえば、スタッフがみんなファミリーですからね。だから誰が監督かわからない（笑）。なかなか京都映画みたいな現場ってないんですよ。カメラマンも石原（興）さんだったり、サブちゃん（藤原三郎）だったり……いい作品を作ろうとして、それぞれが口出しして、監督がいちばん大人しいの。

わたしは末っ子の娘みたいなもので、藤田さんがおとうちゃん、スタッフは親戚のおっちゃんたち。それでおとうちゃんが誘ってくれないときは、スタッフのみんなが待ち構えて飲みに連れていってくれる。わたしが大阪弁というのも馴染みがあったんだと思います。それと飲めたのが大きかった。その2つが京都映画のパスポートで、ずっと洋子役が続いた理由かも。

わたしの専属メイクの福ちゃん（福島久美子）も『京都殺人案内』からずっと担当してくれていて、最後の作品も一緒だったんです。京都映画のみなさん、まだ元気でやってる人もおられますよね。石原さんに会うたら言うといて、「愛してる」って（笑）。

わたしは父親が早くにいなくなって、49歳で亡くなっています。ミス・ユニバースに選ばれた年に。なので、本当に藤田さんが「おとうちゃん」でした。

京都だけではなく、東京やハワイでもご一緒させていただいて楽しい思い出がたくさんあります。ハワイでオフの合間にコマーシャルの撮影をしたときは長女の敬子ちゃんがスタイリストでしたね。ゴルフもすごくお上手なんです。で、たまにOBすると「どうせ、人生もゴルフも裏街道まっしぐらやな」って、一言一言がおもしろい。それもあの声、低くて通る声ですよ。

長いこと父娘役をやらせていただいて……でも、当時は偉大さをわかってなかった。むしろ今ですよね。振り返るとすごい財産だと、そう思います。先日もジムのマシンで走っているとき、ちょうど『必殺』の再放送をやっていて、おとうちゃんのことを思い出してたんですが、こうやって取材をしていただくと、よみがえってきましたね。いろんな思い出がありました。

第7章
新演技座設立、舞台に生きる

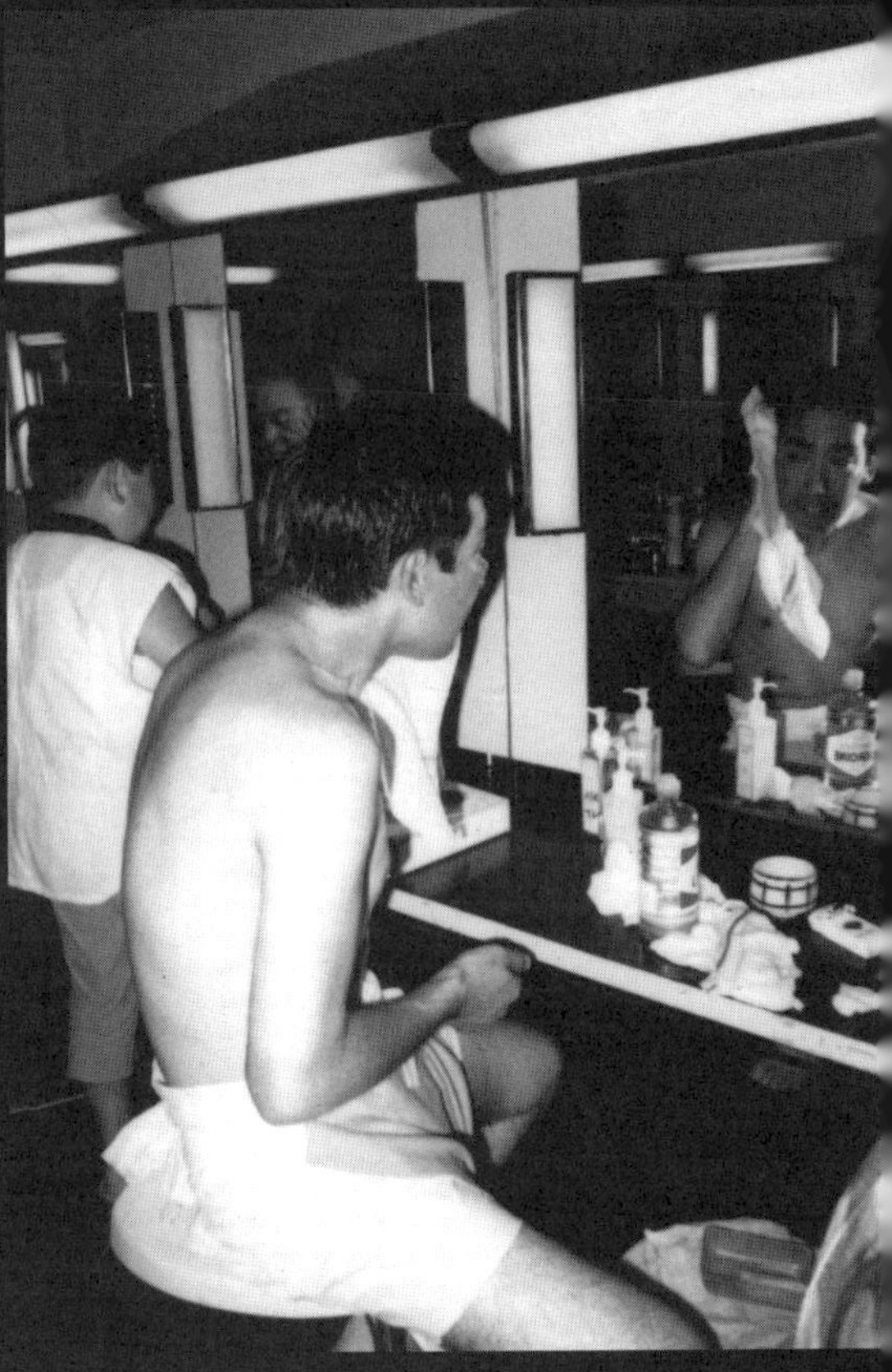

「1年のうち半年はテレビ、半年は舞台」

『てなもんや三度笠』の時代から14年、渡辺プロダクションに所属していた藤田まことですが、1977年に独立し、翌年「新演技座」を設立します。

「本物の大阪ものをやりたい」

そのような意欲を語り、かねて舞台への情熱を燃やしていた父は、座長兼座員として自分ひとりの劇団兼個人事務所で再出発します。

新演技座の協力メンバーは芦屋雁之助さん、弟の芦屋小雁さん、そして『必殺仕置人』の野川由美子さんの3名。野川さんの夫である関西テレビの山像信夫さんは劇作家の「逢坂勉」として、藤田・野川コンビによる夫婦ものの舞台を手がけており、旗揚げ公演にも協力してくださいました。

親友でありライバルの雁之助さんとは、それまでも多くの共演作がありますが、とくに舞台における力の抜き方を学んだそうです。『てなもんや三度笠』が終わって落ち目になったとき、板の上の教えを請うたのも雁之助さんで、新演技座を立ち上げる際まずお声がけした方でもありました。

旗揚げ公演は大阪・中座、人情喜劇の『ちりれんげ』とご存じ『必殺仕置人』の二本立て、78年の7月1日から25日まで行いました。メインの『ちりれんげ』は明治座の座長公演からコンビを組み、NHKドラマ『けったいな人びと』でも夫婦役だった林美智子さんと共演。料理屋さんが舞台で原作は藤本義一先生、脚本は先述の逢坂勉先生です。

『必殺仕置人』には菅井きんさん、白木万理さんの「せん・りつ」コンビが出てくださいました。『必殺仕置屋稼業』の「一筆啓上姦計が見えた」をもとにした物語で、作・演出の竹内伸光先生も父が信頼していた演出家さんです。

独立後は「1年のうち半年はテレビ、半年は舞台」というサイクルが決まっていました。どちらも大事にしておりましたが、役者の優劣は〝板〟の数で決まると語っていたように、舞台への熱意は大きかったです。映画についてはご縁が少なく、「パパは映画には向いてへん。スクリーンのスターじゃない」と言っていましたね。

そして独立当初からの念願――昭和の激動期を生き抜いた歌手・東海林太郎先生を舞台化したいと語っていた父ですが、1981年、ついにその夢を叶えます。

『東海林太郎物語　歌こそ我がいのち』
脚本：梅林貴久生
演出：竹内伸光

父が司会業をやっていたころ、もっとも印象深いと語っていた歌手が東海林太郎先生で、それは大雪に見舞われた舞鶴の公演のことでした。客がまったく来そうになく、招待客は誰も姿を見せない。「プログラムを少し短くして、早めにショーを終えましょうか？」と提案した父に対して、先生は直立不動の姿勢で16曲すべてを歌い上げました。

〝誠実で真面目、そしてプロとしての誇りと厳しさを持った男〟という姿勢に感銘を受けたのです。ステージが終わると「まこちゃん」と呼ばれて、かわいがられたといいます。

銀髪のカツラをかぶり、トレードマークの丸い眼鏡をかけると本当に東海林太郎先生そっくりと評判に。こうして『歌こそ我がいのち』は舞台の代表作となりました。

なにより東海林太郎先生の生きざまを知らせることができて、父はよろこんでおりました。みずから資料を調べて先生の数奇な生涯を知り、台本づくりから参加した作品なので思い入れも並々ならぬものです。また、舞台に先駆けて『熱唱！藤田まこと　男涙の子守歌～34歳の新人歌手』というドラマで東海林先生を演じたこともありました。

師と仰いだ辰巳柳太郎先生の言葉

ドサ回りの旅役者一座を主人公にした小津安二郎監督の映画『浮草』を原作にした演目が『旅役者駒十郎日記　人生まわり舞台』です。こちらも『歌こそ我がいのち』と同じく梅林貴久生脚本、竹内伸光演出によるもので、『浮草』で中村鴈治郎さんが演じた座長の駒十郎に扮して〝滅びの美学〟を示しました。

この『人生まわり舞台』では、父が師と仰いだ辰巳柳太郎先生から国定忠治の衣裳をお借りして、本番に臨んでいます。新国劇出身の辰巳先生について父は〝勝手弟子〟と称して私淑し、東京での初座長公演、1967年に明治座で上演された『おもろい恋の物語』から何度も出演していただきました。

「あんなに自然体で芝居ができる人はいない」

そう父は語って、根っから惚れ込んでいました。辰巳先生の好きな言葉こそ〝滅びの美学〟で、父の舞台にもその志向が現れています。旅役者の栄枯盛衰を描いた『人生まわり舞台』なんて、まさにそうでしょう。

どうにも多忙で大変だったとき、辰巳先生からのお言葉で「お前が倒れてどうするんだ。船頭さんになって引っ張れ」と励まされたと、父が話してくれたことがあります。毎回、楽屋には「まこちゃん、がんばりや」という辰巳先生の色紙を飾っていました。

また、1984年に新宿コマ劇場で公演した『人生まわり舞台』は、三木のり平先生に監修していただいたものです。役者として、大衆演劇の演出家として、その両面から父は先生を尊敬しており、追い越すことのできない目の上のタンコブこそ「東は三木のり平、西は芦屋雁之助」でした。名鉄ホールを皮切りに何度も演じてきた『人生まわり舞台』について、さらなる高みを目指そうと新宿コマの公演でのり平先生に洗い直しをお願いし、文化庁芸術祭の芸術祭賞を受賞することができました。いつまでも権力や権威の匂いのしない、のり平先生の姿に父は感服しておりました。

大阪と人情にこだわった父には『浪花《なにわ》恋しぐれ　桂春団治』『浪花のれん　包丁一代』『浪

藤田まことが生涯の師と仰いだ辰巳柳太郎

花人情物語　こんなもんやで人生は』などの舞台もあります。父の口ぐせも「こんなもんやで人生は」であり、著書の題名にもなっているので、深い思い入れがあるのです。ただし「こんなもんやで人生は」と言いながら「人生あきらめたらあかん」も座右の銘であり、何度も土壇場から復活した父らしい言葉だと思いました。

そして、藤田まことが挑んだ新たな舞台がブロードウェイミュージカルでした。

ブロードウェイミュージカルに挑戦

『その男ゾルバ』

脚本：ジョセフ・スタイン

演出：中村哮夫

1986年11月1日、大阪・梅田コマ劇場で幕を開けた『その男ゾルバ』は父の新境地となり、髭だらけの顔でその歌声を発揮することになりました。市原悦子さん、上月晃さんとの共演で手ごたえを感じ、その後も新宿コマ劇場などで再演されています。『その男ゾルバ』のゲネプロ（通しリハーサル）の日、わたしは〝お付き〟をやっていたのですが、あんなに父の手が震えている姿を見たことはありませんでした。初のミュージカルということで、決して口には出しませんでしたが、相当なプレッシャーがあったのだと思います。あの姿は忘れられないです。

髭のままドラマの撮影も並行していたので、苦肉の策として『必殺仕事人V　旋風編』では「主水バースになる」というエピソードが作られました。主水が監禁されて髭だらけになってしまう……当時、人気だった阪神タイガースのランディ・バース選手をもじったタイトルで『必殺』らしい遊び心ですね。

必殺シリーズも1985年の『必殺仕事人V』から京本政樹さんの組紐屋の竜、村上弘明さんの花屋の政にレギュラーが交代し、さらに若い女性からの支持を集めていきました。

京本さんと村上さん、それからひかる一平くんが南座に出たときは、朝から800人くらい女の子が並んでいたものです。すごい光景でしたね。妹の絵美子も小学生のころから週末だけ舞台に出る〝わがままな歌手〟として活動し、『必殺仕事人V』では主題歌の「さよならさざんか」を歌わせていただきました。

京本政樹さんは気さくなお兄さんのような方で、父が亡くなってからも引き継ぎのことなどをいろいろと教えていただいて、お世話になりました。亡くなった途端に離れていく方や手のひらを返す方もいましたから、京本さんの優しさがありがたかったです。

村上弘明さんはマイペースなところがあって、南座の舞台が終わったあと打ち上げがあるのに勝手にお風呂に入ったりして、よく「村上〜！」と叫んでいました。でも「あいつは大物になる」と、とてもかわいがっていたのです。

それから三味線屋のおりく役、山田五十鈴先生のことを父は本当に尊敬していました。『必殺』の現場というのはカメラワークやライティングに凝るので、待ち時間が長くかかる。それに文句をいう役者さんもいるのですが、山田先生はニコニコしながら待って、ときに冗談を言いながら現場を明るくしてくださったようです。時間にも正確で、遅刻もしない。それに比べて……ということで、若い役者さんを父が叱ることもあったとか。

もともと〝ちょんまげを付けた現代劇〟として時事ネタを積極的に取り入れてきた必殺シ

リーズですが、『仕事人』以降はその部分がエスカレートしていきました。エリマキトカゲやルービックキューブが出てくる話に父はうんざりして「饅頭《まんじゅう》の上にイチゴを乗っけたり、生クリームかけたり」と批判し、あまりに安易な台本をボツにしたこともありました。「主水、ワープロをうつ」というエピソードが『必殺仕事人V　旋風編』にあるのですが、同心姿でオフィスのワープロを操作するシーンは、さすがに怒って抵抗したそうです。

さらに舞台とドラマを掛け持ちしていた父は、名古屋と京都を往復することもしばしば。夜、公演が終わってから撮影所に向かい、朝まで撮影というハードなスケジュールに「俺を殺す気か！」と音を上げそうになったこともありました。

しかし『東海林太郎物語　歌こそ我がいのち』『旅役者駒十郎日記　人生まわり舞台』『その男ゾルバ』という3本の舞台を作り上げた50代は、藤田まことという役者にとってもっとも充実していた時期だったと思います。それは本人も認めていました。

60歳になって、番狂わせが待っているのですが――。

初めての付き人体験は高校2年の秋

わたしは高校を出たあと、父の〝お付き〟になりました。じつは学生時代、いじめにあってしまい登校拒否になった時期があるんです。

対人恐怖症になったわたしに対し、父は「敬子はパパが預かる」と言ってくれました。こうして、わたしは藤田まことの付き人を始めました。人との会話や礼儀作法などを勉強させたかったのだと思います。

わたしは裏方として支えるほうが好きな性格なので、楽屋にいらっしゃったお客さまの応対だったり、みなさんの食事の担当として白いごはんを炊いたり、さまざまな雑用をしました。小道具の刀を持っていって、舞台袖で父の芝居を見ることもありました。撮影所のほうは別のお付きがいましたから、わたしは舞台やディナーショーに帯同していました。

初めて付き人をやったのは高校2年の秋、梅田コマ劇場の『旅役者駒十郎日記　人生まわり舞台』です。いろいろ多感な時期じゃないですか。舞台の〝座組〟は、いろんな人と人との関係だから、お茶出しひとつでも勉強になるんですね。わたしの同世代の座組の方もいらっしゃったので、だんだん心を開くようになりました。

母からしたら父の監視として身内が入ったことで安心した部分があったのかもしれませんね。父にベタベタくっつくような人じゃないんです。座長クラスの役者さんの場合、奥さまが楽屋にずっといる方もおられましたが、わたしが付く前から母は初日、中日、千秋楽のご挨拶くらいだったと思います。

母は若いころ、父の舞台を特等席から鑑賞して「いちばん後ろで見ろ！」と怒られたことがあって、それ以来ほとんど見る機会はなかったと思います。ですから、たまに劇場に来ても演目すら知らない。「もう、ママさん！」って、わたしが呆れるほどでした。


いざ付き人を始めてみると、最初は「わたし、なにをしたらいいの？」という状態でしたが、座組の女優さんに「敬子ちゃん、仕事は自分から取っていかないと。引っ込み思案じゃダメよ」と言われて積極的になり、笑顔も取り戻すことができました。

これは聞いた話ですが、舞台のあとの打ち上げで、父が座組のみなさんに「ありがとうな、ありがとうな。敬子が笑顔になってきたんや」と、お礼を言っていたそうです。父の口ぐせは「女は愛嬌」、そう言われて育ったので笑顔が戻ったのがうれしかったんでしょうね。

もちろん女優さんになるつもりなんてないですし、小さなころから人のお世話をすることが好きだったんです。だから父のお付きからだんだん現場のマネージャーや事務所の代表、そういう仕事に目覚めることができました。いま「藤田まこと企画」の代表を務めていられるのも、お付きの経験あってこそだと実感しています。

扉に張り紙をして「挨拶無用」

公演中の楽屋では、わたしが朝コーヒーを出す。そこから父の1日が始まります。そうしたら、ある中堅の役者さんが「おはようございます」とコーヒーを持ってきてくださって、世間話をされるわけですが、父はそれが苦手でした。

だから朝のご挨拶も「お互い忙しいから無用」というルールにして、藤田まこと一座は初日と千秋楽だけ。あとは扉に張り紙をして「挨拶無用」、でもそういうルールでもコーヒーを持って入ってくる方がいるんですよね。もちろん表面では、にこやかに対応してはいましたが……。

「役者の付き合いは細く長く。太く短くはあかん」

父が常に言っていた言葉です。もちろん座長として、みなさんを飲みに連れていったりはするのですが、それなりに距離を持つタイプだったので藤田まことのことを冷たい役者だと思った方々もいらっしゃるのではないのでしょうか。

深く、べったりではなく、手の内を見せない。「役者というのは、ある程度ミステリアスでないといけない」と言っていました。だからこそバラエティ番組に出ることも少なく、プライベートを見せない役者でした。

普段は優しい父ですが、共演の方々からすると震えがくるほど、凍りつくほど厳しいときもありました。もうスイッチが入ったときの目は、わたしも近寄れません。

舞台の袖にいて、急にクッと表情が変わるときがあったのをよく覚えています。「あそこ、あとでダメ出しするから、あいつ呼んどけ」と。そういう意味でも鋭い人でした。舞台では竹内伸光先生亡きあと、別の演出家さんを立てましたが、実際は父が演出しているような作品もありましたね。

舞台の美術を手がけたのは竹内志朗先生、いつも見事なセットを設計してくださいました。また手書き文字の職人として『新婚さんいらっしゃい！』のタイトルなどを担当しており、必殺シリーズの毎週のサブタイトルを書かれたのも竹内先生、関西のテレビ・舞台に欠かせぬ方です。『舞台道具帳』『テレビと芝居の手書き文字』という著書も残されています。

折れる勇気、折れる優しさ

思春期の父との思い出をもう少し語りたいと思います。わたしはいわゆる箱入り娘で、友達と夜遊びしたことも少なく、旅行に出かけたこともありませんでした。

20歳を過ぎたころ、友達の家で盛り上がってしまい、その流れでうちに電話をしたんです。祖母に「今日みんなでお友達の家に泊まるから」と伝えたら「いや、パパさんが帰ってくるって言ってはるから、そんなことしたらあかん」「いや、もう今日くらい泊まらせてよ」と、いったん切りました。

そのあと、もう一度うちに電話したら、父が帰っていて「敬子、パパはお前が帰ってくるまでずっと玄関の前で待ってるから」と。でも、わたしも意地になりました。「いや、今日は泊まる！」と言ったものの、けっきょくは根負けして、ビクビクしながら深夜にタクシーで帰ったんですよ。

そうしたら、本当に門の前に父が立っていました。でも、わたしもわたしで……そのまま二階の部屋に上がりました。立っている父を無視して、もう心臓バコンバコンで「うわ〜、余計なことしてしもうた」と後悔したのですが、祖母が「敬子ちゃん、パパさんが温かいお茶飲もうって言うてはるよ〜」と声をかけてくれて、折れるきっかけを作ってくれました。わたし、そこで思ったんです。ツンツンしてもなんの得もないし、切り替えが大事やと。

いろいろあったとしても、折れる勇気、折れる優しさが必要なのだと思います。だから父と揉めても長引くようなことはありませんでした。父も母もイラチで短気なのですが、そのあたりはさっぱりしていて、たくさんのことを学びました。

そんな、門の前で立つような父でしたから、恋愛に関してもフランクに言えるような環境ではありません。でも、まったくないわけではなく、ちゃんと父に隠さず話をしようと思った時期もありました。そのときも頭ごなしに相手のことを否定するのではなく、「いろいろな人生があるから、ご縁を大事に、いろんな方を見たらいい」と言われました。

少し話が飛びますが、わたしが結婚したのは33歳のときで、相手は日系アメリカ人でした。オフでハワイに行ったときにゴルフを教えてくれた男性で、父もよく知っている相手……要するに息子のように、家族ぐるみで付き合っていた方でした。

結婚も反対はありませんでした。「あいつは武士のような顔をしてるし、カツラが似合いそうや」と言ってくれて。しかし、母は反対でした。やはり国や文化が違いますから。

わたしの娘・花り《か》なが生まれたあとも父はかわいがってくれましたし、母もなんとか受け入れてくれました。わたしはハワイに10年住んでいたんです。子育てをしながら東建コーポレーションさんのお仕事でコーディネートをさせていただいておりましたが、けっきょく日本に戻ることになって……父はよろこんでくれました。

両親とも仕事があって、あまり家にいない。わたしたち子供3人は祖母に育てられましたから、母は年齢の離れた姉のような感覚がありました。本当に不思議な家族だったと思います。母と父って、なんやかんや言って仲良しなんですよ。でも、やっぱり父は役者なので、母もそれは理解していました。要するに〝モテる〟んです。

わたしがお付きをやっているときも、たまにファンの方々がお声がけしてくださって、おきれいな女性がいらっしゃると、いきなり背中に〝藤田まこと〟が降りてくるんでしょうね。「どうも」と言いながらそっちに行っちゃう姿は、娘から見ても「パパさ〜ん……」という感じでした。

いや、もちろんそれでどうのこうのが起きるわけではなく、娘の目から見てもモテて当たり前だと思います。父がすてきなほうが、当然うれしいし。もっとだらしないところを見てしまうとイヤになるのかもしれないけど、「パパさ〜ん……」と苦笑する程度なら大丈夫でした。〝役者は華が大事〟——これは母の言葉でもありました。

藤田まことを偲ぶ

京本政樹

大切な「先生」であり、「父」でした

1985年、『必殺仕事人V』にて組紐屋の竜を演じた京本政樹は、必殺シリーズの新たな二枚目として人気を博し、藤田まことと共演する。短い期間だったが、表と裏の顔の使い分けを厳しく教わり、その後も事あるごとに目をかけられていた。竜と主水の必殺シリーズ秘話！

「まことさん、あのジャンパーがほしいんです」

ぼくが出会ったのは、藤田さんが50歳ちょっとの時期なんですね。早くに亡くした父が昭和9年生まれ、藤田さんは8年……だから、ぼくが24歳のころです。『必殺仕事人V』が始まる前に、まずは南座の舞台やテレビスペシャルで組紐屋の竜を演じているんですが、さらにさかのぼると『京都㊙指令　ザ新選組』という現代劇のアクションドラマがありました。

あれも京都映画で同じスタッフでしたから、「今日から初めて『必殺』に入ります」という役者とは、ちょっと違うんです。三田村（邦彦）さんの秀がオープンセットを走っている姿を見たり、藤田さんにもご挨拶をしてましたから。

当時は必殺ブームで、〝必殺仕事人〟というタイトルが縫い付けられたスタッフジャンパーを藤田さんが特注で作ったんです。それをみなさんが着ていて、レギュラー加入前からすごくうらやましかった。だからスペシャル版の撮影が日光のウェスタン村で行われたとき、「まことさん、あのジャンパーがほしいんです」とおねだりしたことがありました。

たぶん1着だけ残ってたんじゃないかな（笑）。「ほれ、京本くん」と頂戴したジャンパーに竜のアップリケを縫い付けて、よく着ていました。お金もない時代だし、誇らしい一張羅みたいなもんですよ。晴れて必殺メンバーになったという意味で本当にうれしかったです。日光のロケでは旅館の大浴場で裸の付き合いをしたり、卵かけごはんを5杯も食べて「食べすぎや！」と怒られたり（笑）、最初から父親と子供のようでした。

ただし当時の自分は、まだ時代劇俳優としての藤田まことのすごさに気づいていなかったと思います。しかも竜というニヒルな役柄、裏と表の顔がある仕事人という演じ分けも、そこまで深くは理解していなかった。

「京本くんは全部裏になっている。昼間から仕事人になってしまう。もっと色合いの差を出さなきゃ」

そう藤田さんからご指導いただきました。昼間は市井の組紐屋で、夜は仕事人……その〝いろは〟を藤田さんは一生懸命ぼくに教えようと、使い分けの妙を伝達しようとしてくださったんですね。

もちろん（大川）橋蔵先生の『銭形平次』で魚屋の善太を演じてましたし、そういう普通の役もやっていたんですよ。ところが『里見八犬伝』を経て『必殺』に入ったときには、自分でもちょっとよくわからなくなっていた。だから藤田さんに怒られもしたんです。

先日たまたま『仕事人V』の再放送を見たんですが、竜の店に主水さんがやってきて、なんだかんだとしゃべるシーンがあるんです。「あぁ、まさにこの日だな」と思いながら見ましたが……主水姿の藤田さんがオープンセットにいるぼくのもとに走ってこられて、いきなり「昨日のオンエア、あそこがよかった。あれやで！」って褒めてくださったんです。

藤田さんとしては、心底心配だったんだろうと思います。京本政樹という若者が中条きよしさんの後釜で入った……様式美の形式だけは橋蔵先生のおかげでなんとなくサマになっていましたが、それ以外はまったくダメ。まるで学校の先生かのごとく、毎日伝授しようとしてくださいました。ならば日常性を出そうと「竜がうどんやおにぎりを食べるシーンを入れたらどうか？」とスタッフに提案したりして、能面のようなキャラクターからの変化を図るんです。で、うどんを食べたら「京本くん、そういうことを言ってんじゃないんだよ」と、また藤田さんに怒られましたけど（笑）。形式的な部分ではなく、もっと内面の問題だと。

ぼくにとって橋蔵先生が〝いろは〟の〝い〟だとすると、『雪華葬刺し』の若山富三郎さんが〝ろ〟で、最後の〝は〟が藤田さんなんです。本当にありがたいことに、このような大御所の方々にお芝居のいろはを直接教えていただきました。勉学という意味で、よく怒られましたし、役者としてはシビアでもありました。だからこそ褒められるとうれしいし、学校の先生に対するような日常が、自分にとっての『必殺』の2年間でしたね。

そうした裏と表の使い分けが後年とても役立ったのが『高校教師』です。あの藤村知樹という役は仕事人だと思って演じていましたから、そうやって表と裏の芝居を組み立てた……藤村という難役が自分なりに表現できたのは、つまりは藤田まこと先生のおかげなんです。

〝マネブ〟によって役者開眼

ぼくはシンガーソングライターとしても活動していたので、藤田さんに頼まれて「Love Is Afternoon」というオリジナルの曲を書いたこともありました。南座の舞台の2年目のときでしたが、すでに鮎川いずみさんの「女は海」を作っていたので「京本くん、わしにも書いてえなぁ」と。よく楽屋でギターを弾いてたんですが、隣の部屋が藤田さんで、ぼくの曲が聞こえてたみたいなんです。

当時流行していた「Love Is Over」の影響でしょうか、タイトルや筋書きもすでにご自身で考えられていて〝かつて付き合っていた男と女が、とある岸で出会う〟――そんな曲でした。ロマンチストな方なんだなと感じた瞬間でしたね。

藤田さんには、よくお食事にも連れていっていただきました。駆け出しのぼくが行けないような高級なお店だったり、スポンサーの方を紹介していただいたり……そんなときの藤田さんは「おい。竜、行くで」。まるで任侠映画の親分みたいな着流し姿がかっこよく、もう鶴田浩二かと思いました（笑）。昼も夜もご一緒させていただいているうちに藤田さんから〝兄弟〟と呼ばれるようになりまして、竜と主水がすれ違うシーンの撮影でも、小声で「おう、兄弟。元気か？」。そんなアドリブをされたこともありました（笑）。ですから、ぼくにとっては柳沢慎吾ちゃんより藤田さんのほうが〝兄弟呼び〟の元祖というわけなんです。

以前、橋蔵先生から「役者というのは、まず真似から入る。そして学び、演じる。それを〝マネブ〟という」と教わりましたが、南座の舞台のとき、藤田さんが急に「竜！　今日の主水は辰巳柳太郎でいくで。見ときや！」と言われて、最初から最後まで辰巳柳太郎さん風のお芝居をされたことがあるんです。

このとき橋蔵先生が仰っていた〝マネブ〟の意味がわかった気がしました。藤田さんもマネブの方で、ぼくにとって役者開眼の瞬間でした。真似から入り、学び、それを自分のものにする――いままでも貴重な教えです。
ある日、藤田さんから撮影所の製作ルーム前で呼び止められて「京本くん、ちょっとええか」と、営業畑のプロダクションの方を紹介していただきました。「役者は待つのも仕事。やりたくない役、気乗りしない役、さまざまな場面がこれからあるやろう。しかしな、わしらかて生きていかなあかん」ということで、ステージやショーという〝営業〟の重要性、ファンのみなさまの大切さ……芸能界で生き抜いていくための処世術もふくめて役者道の生き方を教わりました。

「俺、言うたからな。竜が流れるからな」

いろいろあって、ぼくは『必殺』を降板させられたんですが、その後も藤田さんはサントリーミステリー大賞スペシャルの2時間ドラマ『時の渚』に友情出演してくださったり、京楽産業さんが『必殺』をパチンコにしたあとも発表会のイベントでご一緒させていただいたりしていました。
東山（紀之）くんで『必殺仕事人２００７』が始まったとき、藤田さんとしては三田村さんの秀なり、ぼくの竜なり、「やっぱり過去に付き合いがあった仕事人仲間にも出てほしかった」と言っていました。秀と竜については格別だったと言っていただけて、本当にうれしかったですね。

けっきょく新シリーズに過去のキャラクターは出ないことになりましたが、放送前の特番で出演者それぞれが思い入れのある仕事人について語るコーナーがあったんですよ。そこで藤田さんは組紐屋の竜を選んでくださって、当時の映像が流れたんです。あのときは藤田さんから、わざわざお電話をいただきました。「俺、言うたからな。竜が流れるからな」と、本当にうれしかったです。

そういえば映画の『必殺！ ブラウン館の怪物たち』の撮影中、7〜8メートルの高所から落ちて大怪我をしたときも「俺が代わりになればよかった」と言ってくださいました。あのお言葉は、ぼくの一生の宝物です。

中村主水は藤田まこと一代のもの

藤田さんから言われたことがあります。「なによりしあわせなのは役名で呼ばれること。こんなに役者冥利なことはない」と。中村主水と言われることのうれしさ、それは橋蔵先生も同じようなことを仰ってました。

たしかに銭形平次、眠狂四郎、丹下左膳、鞍馬天狗といった時代劇のヒーローがいて、そこに中村主水も並んでいます。そうなると、自分が目指すところも「組紐屋の竜」と呼ばれることでしたし、『高校教師』の藤村知樹や『家なき子』の黒崎和彦、『水戸黄門外伝　かげろう忍法帖』の名張の翔……最近なら『翔んで埼玉』のおかげで「埼玉デューク」と呼ばれるのも名誉なことですよね（微笑）。

必殺シリーズが今後どのようなかたちで続いていくとしても、中村主水は藤田まこと一代のものだと思います。テレビからなくなりつつあった時代劇ですが、ここのところわずかに火が灯ってきた実感がある……先ほどの芝居の〝いろは〟ですが、おかげさまでぼくも芸歴を重ねまして、今度は自分が継承していく立場になっているわけなんです。

先日、とある時代劇に出たんですが、若い役者さんがたくさんいて、やっぱり気づく点があるんですよ。「あ、ちょっと力みすぎてるな」とか「やっぱり息の抜き方が違うな」とか。でも、それを伝えようとするのって、向こうからしたら鬱陶しいだろうなというのもわかります。だから伝え方に気をつけながら一言だけアドバイスをしたりしました。

事務所の後輩でもないし、弟子でもない。言っていいのか悪いのかわからない……でも、藤田さんもきっとそうしただろうと思います。ですので、諸先輩方からいただいた〝いろは〟を、ぼくなりに今の時代にあったかたちで継承できたらと思っています。それが使命なのではないでしょうか。

あらためて、自分にとって藤田さんは大切な「先生」であり、「父」でした。

コラム

藤田まことの趣味とダンディズム

父は時間に厳しい人間で、30分前行動が基本でした。

ですから、わが家は軍隊生活みたいなところがありました。所作や礼儀作法にもうるさく、わたしには門限があったのですが、もう慣れてしまったのか、妹の絵美子には、いろんな意味で寛容でしたね。また外に出かけたときなども気さくにファンの方からのサインや記念写真に応じるタイプでした。

舞台では座長を務めていましたから、若い役者さんを叱ることもありました。南座の『必殺まつり』では、京本政樹さんがメイクに凝って、ノーズシャドウを濃くして鼻を高く見せていたんです。それに村上弘明さんも影響されて、公演中日に日にノーズシャドウが濃くなっていく。「お前ら、なにしてんのや！」、呆れながら笑っていましたね。

父の舞台は男性のお客さまが多いのが特徴でした。通常、舞台というのは女性のお客さまがメインなのですが、でも父は「男性に来てもらえる芝居を作り上げたい」と言っていました。

趣味はゴルフ、それから買い物です。スーパーやデパ地下を回るのが好きでした。でも洋服については無頓着で、ステージ衣裳はわたしと妹が選んだものを着てくれていました。自宅ではチェックのシャツにチェックのズボンを合わせたり、とんでもない格好で出てくるから唖然としたこともしばしばです。

それから時代劇が多かったので、舞台の稽古着は必ず浴衣。トーク番組のゲストに呼んでいただいたときも着物姿で登場し、やっぱり着こなしは粋でした。

父みずから〝粋〟という言葉を使っていた記憶はないのですが、やはり男の美学のようなダンディズムを心がけてたんじゃないかと思います。自宅にいてもリビングでゴロゴロした姿は見たことがない。ちょっとお昼寝するときでもパジャマでベッドに入り、また着替えてリビングに出てくる。だらしないところを見せない人でした。

読書は池波正太郎先生や藤沢周平先生など、時代小説が多かったですね。ずらっと本棚に並んでいました。わが家でいちばんの読書家も父で「敬子、本は読まなあかんぞ」と、よく言われたのを覚えています。

ファミリーが見た藤田まこと

藤田絵美子
厳しくも優しい父の思い出

藤田まことの次女、藤田絵美子は『必殺仕事人V』の主題歌「さよならさざんか」を歌うなど13歳から歌手として活動し、父と同じ芸能の道を歩んだ。やがて演歌からゴスペルへと転向し、現在も歌を続けている絵美子が〝ファミリー視点の藤田まこと〟を別角度から振り返る。

「わたしのお父さんは藤田まことなのよ」

父の記憶として最初に思い浮かぶのは、お仕事ではなくプライベートの話なんですけれど、わたしが26くらいのときに摂食障害で入院をしたことがあったんです。過食症だったので、その前から体重が増えてしまって……父は俳優を仕事にしていますので、自分のコントロールができなくて太ってしまったわたしのことを快く思っていませんでした。

だから父に詳細を伝えないまま総合病院の心療内科に入院したんです。毎夜電話がかかってくるのですが、どうやら父はダイエットのために入院してると思っていたみたいで（笑）、「今日はどうや？」「ちょっとは痩せたか？」と言われるのです。

わたしはそれが苦しくて、精神的にもしんどくて……過食症って父の世代だと理解するのが、ちょっと難しいんですよね。そこで主治医の先生に相談してみたら「摂食障害の本を送ってみたらどうでしょう」ということになり、そうすると父なりに理解をしてくれたんです。

あるとき父がひとりでひょっこりお見舞いにきてくれました。どんな会話をしたかは覚えてないんですけど、父が帰っていく後ろ姿が心に残っていて、いまも目に浮かびますね。

仕事が忙しく、ほとんど家にいることはありませんでしたが、でも姉や兄と違って、わたしは自分の父が藤田まことであることを、とてもうれしく思っていました。

たまに父が帰ってきたときは千里中央までお買い物に出かけて、まだ3歳くらいのころでしょうか、店員さんに「わたしのお父さんは藤田まことなのよ」と言ったら「えー、そんなん嘘に決まってる」みたいな反応だったので、父を引っ張ってきて「ほら、本当でしょ」。自慢の父だから、そんなことをするのが好きだったんです。

父の仕事場も大好きで、とくに舞台の際には、よく劇場に足を運んでいました。初日、中日、千秋楽と必ず3回……あまりにもずーっと袖で見ているので、千秋楽になると出演させてもらったこともあります。それから京都の撮影所に行って、よく『必殺』の撮影を見学していましたね。

わたしは三田村邦彦さんの大ファンになりまして、ロケで訪れた旅館のプールで遊んでいただいたり、お食事をご一緒したりして、わたしの結婚式の披露宴のときも三田村さんがお祝いのビデオレターを送ってくださったんです。本当に感激しました。

快く思っていなかった、わたしの芸能活動

13歳のときに「なごり雨」で演歌歌手としてデビューし、『必殺仕事人V』の主題歌「さよならさざんか」を歌わせてもらったのですが、その歳で芸能の仕事をすることを父は快く思っていませんでした。「東京に出るなんてとんでもない。ずっと大阪にいなさい」という感じで(笑)。

父から歌のアドバイスを受けたことはないです。デビューのときもそうですし、デュエットしたときのレコーディングでも自由に歌わせてもらいました。父も本当に歌が好きで、自分で歌いたい曲をリクエストして、譜面を作ってもらいディナーショーで披露していました。

その影響なのか、わたしは3歳のころから演歌が好きになり、人前でよく歌っていたんです。でも、ちゃんとした歌唱を習ったことがなくて、それがコンプレックスになってしまい……お仕事を始めてしまうと、好きで歌っていた歌がだんだん楽しくなくなってしまったんです。

そう思ってると、声がひっくり返るようになったりして、お仕事をするのがしんどくなってきて。

3～4年で「もうやめたい」と言ったとき、父は内心ホッとしていたと思います。

29歳のころ、ご縁があってゴスペル音楽を始めることになり、父に電話したんですよ。そうしたら「まぁ、ぼちぼち始めたらいいからな」と。あんまり急いだら、またしんどくなるからと言ってくれました。2002年に父が紫綬褒章を受賞したときは、東京と大阪と名古屋のホテルでパーティをするから歌ってほしいとリクエストがあり、それ以降も舞台やディナーショーに呼んでもらえるようになったんです。

最後の共演は大阪の松竹座でした。『剣客商売』のお芝居と歌謡ショーの二本立てがありまして、わたしは大阪在住だったので1ヶ月間、父と一緒に歌わせていただきました。

藤田まこと、殺陣の秘密

父の作品はどれも好きなのですが、とくに思い出に残っているのが『京都殺人案内』で、音川刑事の奥さんがひき逃げで亡くなった過去が明かされる話です。三國連太郎さんが犯人で、最後の取調室のシーンはずっと泣きながら見ていました。それから『影武者織田信長』も好きでしたね。

あるとき、わたしが自宅で『剣客商売』を見ていたとき、父の演じる秋山小兵衛が柿の皮をむいていたんです。そのシーンに感動してしまい、放送が終わったあと思わず電話したことがありました。

「柿をあんなに上手にむくなんてすごいね、パパ」

「へー、そうかぁ。ありがとうなぁ」

料理が趣味でしたから、包丁使いも上手なんです。それから殺陣のシーンも、中村主水はそんなに派手じゃないじゃないですか。脇差でブスッと刺して終わりとか。なので、映画『必殺！Ⅲ　裏か表か』でものすごい立ち回りがあったときは「どこで習ったのかな」と、それがすごく不思議で……父にそのお尋ねをしないまま亡くなってしまい、ずっと心に残っていたんですよ。

つい最近のことなのですが、また歌の活動を始めるようになって、細川純一さんという父の吹替をやっていた東映の俳優さんがわたしの歌謡ショーを見にきてくださったんです。その際、細川さんに殺陣のお話をしたら「ぼくは藤田さんに聞いたことがあるんです」と。

なんでも『てなもんや三度笠』のとき、的場剣友会というところで白木みのるさんと一緒に殺陣のお稽古をして、そのときちょっと習っただけと父から教えてもらったそうなんです。

『剣客商売』はポスターを見るのも大好き（笑）

『剣客商売』は父が池波正太郎先生の原作をずっと愛読していて、どうしても映像化したいと松竹さんに相談していた作品なので実現を本当によろこんでいました。父はあまり自分の作品を見ない人で、過去より未来……これから先のことを考えたいと後ろを振り返らないタイプだったんです。だけど『剣客商売』はポスターを見るのも大好き（笑）。オープニングの川を舟で渡るシーンも「いいだろう〜」「いいだろう〜」って何度も言っておりました。わたしは、おはる役の小林綾子さんとプライベートでも仲良くさせていただいていて、ふたりで一緒に有馬温泉に行ったこともあるんです。大阪で舞台の公演をされるときは、いつも拝見しています。

山口馬木也さんのことは「馬木也くん、馬木也くん」と父は本当にかわいがっていて。だから映画の『侍タイムスリッパー』……わたしは細川さんから「絶対に見てください！」と強くお薦めされて、見にいったんですけど、もうすばらしくて、感動して……馬木也さんにもお電話したんですよ。

あまりにもすばらしかったので、直接感動を伝えたくて。もちろん殺陣もそうですが、お食事のシーンが本当にすばらしくて、その話を馬木也さんにしたら「すべて藤田さんに教えていただきました」というお言葉をいただいて、すごくうれしかったです。

父の細やかな心遣い

厳しくも優しい父でした。それから細やかな心遣いが本当にすごくて、名古屋で紫綬褒章のパーティを開いたとき、わたしも出演したのでホテルの美容室でヘアをセットしようと思ったら、その日はお休みで……友達が地元の美容室を探してくれて、無事ヘアの準備をすることができたんです。

そんな話を父にしたあと、お部屋に戻ったらコンコンとノックがあって、マネージャーの小林（敬）さんが立っていて「こちら、藤田さんからです。絵美子さんのお友達にと」。美容室を探してくれたお礼の品を、パーティ前の忙しいなか手配してくれて、その気遣いがすごくうれしかったです。

父は舞台やディナーショーでフランク永井さんのメドレーをよく歌っていました。わたしも大好きで、父が亡くなったあと鼻歌でよく歌っていたのですが、この10月に願いが叶ってステージでフランク永井さんの「おまえに」を披露することができたんです。

ご縁がありまして、最近はいろいろな施設を回って「てなもんや三度笠」や「さよならさざんか」などを歌わせていただいています。これからも父との思い出を胸に、みなさまによろこんでいただけるような歌を歌っていきたいと思っております。

第8章
『はぐれ刑事純情派』の意外な成功

本人も局の関係者も「当たらない」と思っていた

１９８７年９月、『必殺剣劇人』で15年にわたる必殺シリーズのレギュラー放送が終了し、藤田まことは最終回「あばよ！」に中村主水としてゲスト出演します。「金をもらって仕事をするあんたの時代、もう古い」というセリフを浴びながらセルフパロディ満載の終わりを迎え、しばらく必殺シリーズは単発のスペシャル番組のみとなりました。

そして翌88年4月に始まったのが『はぐれ刑事純情派』です。山手中央署の安浦吉之助刑事――通称「安さん」、55歳にして父の新たなチャレンジとなりました。

『はぐれ刑事純情派』
１９８８～２００９年放送（全４４４話／単発スペシャルふくむ）
出演：藤田まこと、梅宮辰夫、眞野あずさほか
脚本：石松愛弘、石原武龍、小木曾豊斗ほか
監督：吉川一義、天野利彦、岡屋龍一ほか

制作：テレビ朝日、東映

〝刑事にも人情がある。犯人にも事情がある。〟

そんなキャッチコピーの『はぐれ刑事純情派』は、まるで『京都殺人案内』を東京に置き換えたような内容です。『西部警察』や『太陽にほえろ！』のような派手さもなく、しかも当時は『あぶない刑事《デカ》』のような新しい波が押し寄せていたバブルの時代でした。

テレビ朝日の放送枠、水曜21時も『はぐれ刑事』の前は『ベイシティ刑事《コップ》』を放送していました。それに比べると、いかにも古くさく地味な企画なので、父も半年間26話が終わったら大阪に戻ろうと思っていたそうです。しかし浮かれた世の中に背を向けて庶民の哀感を描いた『はぐれ刑事』は意外にも高視聴率を記録し、シリーズ化されていきました。

表と裏の顔を使い分ける中村主水とは異なり、不器用な安浦刑事のキャラクターと直感、〝足〟を使った実直な捜査が見もの。1～3話までのサブタイトルを挙げると、「密告者は美人靴みがき」「伊豆湯けむり危険な密会」「カフェバーで拾った女」――どうです、地味さがわかるでしょう。

やむにやまれず起きた事件、同情すべき犯人が多く、相手を突き飛ばしたら打ちどころが悪くて死んでしまった……そんな結末も定番で、いまや〝はぐれ死〟と呼ばれています。初期のシリーズではハードな事件に立ち向かい暴力を振るうこともあった安浦刑事ですが、次第に人情味を濃くしていきました。

当初は父だけでなく局の関係者も「当たらない」と思っていたそうで、ところが〝ほんのささいなこと〟が事件になる筋立てが支持されました。そのあたりは東映で数々の刑事ドラマを手がけてきた桑原秀郎プロデューサーの手腕が大きいとうかがっています。

さらに〝人情もの〟というジャンルにこだわってきた藤田まことの資質がぴったり合わさった。翌89年、劇場版が全国公開されていることからも人気のほどが伝わります。

「BGMのようなドラマなんや」

男やもめで、娘と同居。コミカルな課長がいる——『はぐれ刑事純情派』の設定は『京都殺人案内』と似ています。ただし、松岡由美さん演じる長女のエリ、小川範子さん演じる次女のユカ、ふたりとも安浦刑事の実子ではなく、亡き妻の連れ子というのがポイントです。血の繋がらない父娘の日常生活がドラマに深みを与えました。

さらにバー「さくら」のママ、眞野あずささん演じる由美との憩いのシーンが定番となりました。これまでの作品同様ホームドラマ的な要素を大切にしたのです。事件解決後は、安浦刑事とママの会話がまったり繰り広げられ、そこに堀内孝雄さんの主題歌が流れてくるパターンを確立。程よくファンタジー要素を散りばめた心地よいドラマだったと思います。トランペットが鳴り響く、甲斐正人さんのオープニングテーマも印象的でした。

堀内孝雄さんは1作目の主題歌「ガキの頃のように」で『NHK紅白歌合戦』に初出場、その後も『はぐれ刑事』のエンディングを歌うのが定番となりました。さらに「連続年主題歌記録」としてギネスブックに認定され、2003年の『紅白』ではそれを祝って、父がサプライズで登場したこともありました。

『はぐれ刑事純情派』について父は「BGMのようなドラマなんや」と言っておりました。

特別なものではなく、流れているのが当たり前。毎週水曜日の夜9時にやっているとホッと安心する感覚のドラマです。

それからタイムリーな情報を扱う。米不足や援助交際など、その時代ごとのニュースをキャッチして脚本家のみなさんがドラマに盛り込んでいました。ついに安浦刑事も携帯電話を持つようになり、「はい、ケータイヤスーラ」というセリフが定番になりました。

それから『刑事コロンボ』をヒントにしたという話も聞いたことがあります。海外ドラマが出発点のキャラクター設定だったそうです。『必殺』の主水さんはマフラー、『京都殺人案内』の音川刑事は折りたたみ傘、そんなスタイルをどの作品でも確立していましたが、安浦刑事の場合はノーネクタイのスーツ姿でしょうか。見事な着こなしでした。

じっくり落ち着いて、平易な画面を目指して

先ほどサブタイトルを挙げた1～3話を手がけたのは、吉川一義監督。東映刑事ドラマのベテランで、藤田まことが大きな信頼を寄せた監督さんです。

平成の世相をタイムリーに取り入れた『はぐれ刑事純情派』

『はぐれ刑事純情派』だけで100本以上お撮りになっていて、もちろん劇場版も吉川監督でした。舞台『浪花人情物語　こんなもんやで人生は』の演出もお願いし、わたしたち家族と一緒にハワイ旅行をするほど親しくさせていただいておりました。父は監督さんと私的なお付き合いをしない人だったので、そこまでの関係は吉川監督だけだと思います。

制作は東映テレビ・プロダクション、父は単身ホテル暮らしを続けながら大泉の撮影所に通っていました。東映は京都映画と違い、スケジュールと予算厳守のシステムですが、父は「ちょっと立ち止まってみよう」と、ただ流れ作業で早く仕上げるだけでなく、じっくり撮影に臨んで、もちろん台本に意見も出します。吉川監督や天野利彦監督、鷹森立一監督、みなさん腰を据えた父のやり方に納得してくださったそうです。

また、ささやかな市井の事件を描く『はぐれ刑事』の特色として、画面の見やすさがあります。必殺シリーズとは対照的に、なるべく暗い画を作らず、照明も正面からフラットに当てる……平坦で見やすい画が第一でした。

「アップは画面の真ん中」ということで、それまでの刑事ドラマのように人物の顔を端に寄せたり、奥行きを出すために遮蔽物を手前に置く構図も作らない。そして「動かない」。

アクティブなカメラワークではなく、どっしりと構える。そういうルールのもと、西山誠カメラマンが落ち着いたショットを築きました。ですから、途中から入った監督さんだと戸惑うこともあったそうです。西山カメラマンは吉川監督と名コンビでしたね。

父はハワイと香港が大好きだったので、『はぐれ刑事純情派』のスペシャルではそれぞれを舞台にしたエピソードがありました。もちろん能登に沖縄と、ゆかりの地でのロケも行っています。こうした趣味と実益を兼ねた海外ロケは1983年の『年忘れ必殺スペシャル仕事人アヘン戦争へ行く　翔べ！熱気球よ香港へ』が最初でしょうか。

イタリアロケの『はぐれ刑事』スペシャルではピンク・レディーの増田恵子さんがゲストだったのですが、宿泊先のホテルが石灰質の多い水で、シャンプーしても泡が立たない。そこで父が島中のミネラルウォーターを買い占めたそうです。

「女優さんには気持ちよく仕事してもらわなあかん」

そう常々言っていて、気遣いを大事にしていましたね。オーストラリアロケのときは、眞野あずささんのお部屋にお花を届けていました。父の偲ぶ会で『はぐれ刑事』の関係者の方の出席は少なかったのですが、眞野さんは「なにがなんでも行くわ」とビシッと着物をお召しになって……いざとなると、女優さんは強いですね。萬田久子さんもそうでした。

横溝署長役の梅宮辰夫さんとは、お互い料理好きとして話が合ったことでしょう。若手刑事も木村一八さん、吉田栄作さん、西島秀俊さん、城島茂さん、ケイン・コスギさんなど錚々たるメンバーです。木村さんが演じた新藤刑事はその後、殺人を犯して逮捕されるという長寿シリーズならではの展開もありました。刑事部屋のレギュラーも藤田まことファミリーのような方々が何人もいらっしゃって、そこにも〝人情〟を感じます。

全444話、21年にわたる長寿シリーズに

『はぐれ刑事純情派』によって東映とのお付き合いが深まった藤田まことは、土曜ワイド劇場や火曜サスペンス劇場など単発の2時間ドラマでも主演の機会が増えていきます。『旅役者葵長五郎　殺意のめぐり逢い』なんて、いかにも父らしい企画ですよね。

それから『はぐれ医者　お命預かります！』に『世直し順庵！人情剣』、東映京都撮影所

での時代劇も始まり、どちらも医者ながら必殺シリーズの中村主水を彷彿させる役でした。片目隻腕のヒーロー『丹下左膳』は4本のスペシャルが制作されました。

また、『はぐれ記者　こちら大阪社会部』というレンタルビデオ用のVシネマも1996年にリリースされています。吉本新喜劇の方々がこぞって出演し、父の後援会の会長である恩人・春次メディカルグループの春次賢太朗理事長まで登場していただきました。

バブルが弾けて大変な状況となっていた藤田まことですが、仕事のうえでは〝はぐれ刑事バブル〟に助けられたことは間違いありません。


全444話の『はぐれ刑事純情派』は、21年にわたる長寿シリーズとなりました。最終回スペシャル「さよなら安浦刑事！　命を懸けた最後の大捜査！」は岡屋龍一監督がお撮りになりましたが、終盤で安浦刑事が自分の思いを長々と語るシーン……あれは父が継母との関係をもとに台本にないセリフをしゃべっており、藤田まことらしい締めくくりでした。

2009年の最終回スペシャルは翌年、父が亡くなった4日後の2月21日に再放送されて、高視聴率を記録。人情刑事「安さん」の人気をあらためて感じることができました。

西島秀俊

「本業をゆったりと」という色紙

1992年の『はぐれ刑事純情派』第5シリーズで本格デビューし、新人刑事・中上剛を演じた西島秀俊は、藤田まことに多くのことを学んで俳優としての第一歩とした。そのリスペクトを語り継ぎ、主演ドラマにおいても安浦刑事へのオマージュを示した西島が藤田を振り返る。

楽しさも厳しさも藤田さんに教わりました

とにかく藤田さんが楽しく撮影をしている……『はぐれ刑事純情派』で常に思い出すのは、あの笑顔ですね。まだ当時はフィルムで撮影をしていて、藤田さんはギリギリまでフィルムにこだわってらっしゃった覚えがあります。

スタッフも東映の映画畑の方たちだったので現場はとても緊張感があって、何回もNGを出したら震えが起きるような……昔はそうだったんです。フィルム代や現像代が高いからベテランの方でもそうで、とくに『はぐれ刑事』の現場には藤田さんの迫力や緊張感がみなぎっていました。

ぼくはデビューしたてだし、新人刑事の役で最初は数シーンしかなかったんですけど、それこそ誰かのセリフがつっかえて止まると「秀ちゃん、これ5分あげるから覚えなさい」……大体つっかえるのは、ややこしい説明セリフなんですが、それを5分で覚えて本番で上手くいくと藤田さんが本当によろこんでくれました。そして「よし、ごはん食べにいこう」と。

そうやって「これは秀ちゃんにしゃべらせよう」ということで藤田さんがシーンを増やしてくださったんです。ときどき再放送しているのを見ると「もう勘弁してもらいたい」というような演技ですが、そんな新人にチャンスをたくさん与えてくださって、イチから教えていただきました。

それから藤田さんは、ただ脚本を覚えてそのままをしゃべるのではなく「おかしいと思ったら、ちゃんと言いなさい」という方でした。それも、いきなり新人が言うのは難しいだろうから「ぼくに言いなさい。それを監督に伝えるから」と。実際に藤田さんもどんどん自分の意見を出して脚本を変えていく方だったので、作品をおもしろくしようという姿勢をすごく感じました。

俳優としての楽しさも厳しさも藤田さんに教わりました。まず楽しさでいえば、『はぐれ刑事』の現場はスタッフもキャストもとても仲がよい現場だったんです。食事でも新人刑事はたくさん食べるのが伝統だったらしくて、とにかく「食べろ、食べろ」と(笑)。食べることには困らない現場でした。デビューしたてでお金もない時期だったので、本当にありがたかったですね。

普段は優しいけれど、やはり藤田さんは演技については厳しかったです。「秀ちゃん、それダメだよ」

と言われることもあって、ぼくだけでなく本当にたくさんの役者さんがセリフをしゃべれなくなるような場面がありました。本番で藤田さんと向き合うと、もう独特の迫力があって……スイッチが入ったときの緊張感は、ぼくが今まで経験したなかでもトップのおひとりですね。ただ、それを乗り越えてがんばると、藤田さんはものすごくよろこんで「秀ちゃん、よかったで」と褒めてくれるんです。

おそらくご本人もわかっているんですね。自分の演技が相手にプレッシャーを与えることがあると。しかし、まったく鈍感だとダメだったと思いますが、セリフを言えなくなることが即ダメというわけではない。現場で藤田さんを見ていて、いろいろなことを感じる局面が多かったです。

それからタフでしたね。とにかく胸板が厚くて、ぜんぜん疲れないんですよ。現場でも疲れた顔を見たことがありません。いつも元気でエネルギーにあふれていて、「秀ちゃん、役者は長生きやで」と言われました。ぼくも意外と頑丈ですが、藤田さんは本当にタフでした。

フィルムの現場で映像に特化した演技を学ぶ

大泉の東映東京撮影所の雰囲気も、もちろん映画全盛期とは違うものでしょうけど、どこかその〝名残り〟のような匂いを感じることができて本当に楽しかったです。それから当時の東映のテレビ部って自分でメイクをするんです。ファンデーションや眉を描く道具を渡されて「えっ!?」……藤田さんは舞台の経験も豊富なのでササッとやられるのでしょうけど、ぼくは一度だけメイクさんにやってもらって教わって、あとは全部自分でやりました。

フィルムの現場なので、『はぐれ刑事』はカメラ1台で1カットずつ撮っていくんです。その後、ぼくはビデオの、マルチカメラのドラマの現場に初めて入ったんですが、まったく違うのでびっくりしました。

引きで撮っているのか、バスト(ショット)で撮っているのか、寄りで撮っているのか……そういうことを考えながら演技をするのがフィルムの現場です。レンズのミリ数を意識して、寄りと引きでサイズが違うと同じシーンでもまったく演技が変わってくる。

スタジオのマルチの場合は一気に撮るので、むしろどこから撮ってもいいという演技になります。ぼくが本当に幸運だったなと思うのは、ほぼ初めての現場でワンカットずつ1台のカメラで撮影するスタイルを叩き込まれたことです。やはり自分の演技は映像に特化したものだと思っていて、それは『はぐれ刑事』で学んだものが原点になっています。

監督は吉川(一義)さんが情熱とユーモアがあって、そして厳しさもありとても印象に残っています。よく怒鳴られていましたが、でもすごくかわいがってくださって、いろいろ教えていただきました。

現場もそこまでバタバタ撮る雰囲気ではなかったと思います。「さぁ、ここがおかしい。おもしろくなるように考えよう」と藤田さんが監督と脚本を直して……それで一度だけ「あれ？ このままだと事件解決できなくなっちゃうぞ」ということもありました（笑）。そういうふうに試行錯誤して、よりおもしろくするための話し合いがやはり印象に残っています。

クランクアップしたあと藤田さんから「本業をゆったりと」という色紙をいただいて、いまも大切にしています。ぼくはあまり器用なタイプではないので……ちょっと生意気に聞こえたらイヤなんですが、藤田さんに「30年後を見ていてください」と言ったことがあるんです。

それがすごく印象に残ったみたいで、ぼくの資質を見ていてくださって……〝本業〟というのはおそらく映画のことだと思うのですが「時間がかかるだろうけど、ゆったりやっていきなさい」というメッセージをいただきました。実際、ぼくのキャリアは決して平坦ではなくて、本当にゆったりゆったりやってきたので、藤田さんの仰るとおりになりましたし、その言葉がどこか心の支えになっていました。

藤田さんからは事あるごとに「秀ちゃんは大丈夫やで」と言われていたんです。その理由のひとつが「秀ちゃんの顔な、俺とおんなじ面長や」（笑）。でも藤田さんが「大丈夫だ」と言ってくださったから大丈夫だと、謎の自信を持つことができました。たくさんの役者さんを見てこられた方だからこそ、それぞれの資質を見抜き、その将来を考えながら心の支えとなるような言葉をかけてくださったのだと思います。

30年後の『はぐれ刑事』、『警視庁アウトサイダー』

『警視庁アウトサイダー』というドラマでは、安浦刑事をリスペクトする架川という役を演じました。企画段階ではそのような設定ではなかったのですが、ぼくの個人的な思い入れで……ちょうど30年後だったんです。

テレビ朝日の刑事ものに『はぐれ刑事』以来の出演ということで、もし接点があるような設定が可能であればとプロデューサーにお願いしました。ぜんぜんドラマもキャラクターも別物ですが、あのとき新人だった男がまだ刑事を続けていたら……そんな藤田さんへの思いがあったんです。

『はぐれ刑事』みたいな藤田さんの人情ものって日本中が好きですよね。とくに犯人を見つめる眼差し……安浦刑事が「うーん」とうなずくと、みんな納得してしまう。「あれはなぜだろう」と思って、出番がないときでもよく現場を見学していました。取調室のシーンは藤田さんのアップで終わることが多いのですが、最後にうなずく……厳しい表情のときもあるし、なぜ犯人が罪を犯したのかを理解して同情するときもある。

その顔を見るたびに「こういう俳優になりたいな」と率直に思いました。芸人さんからキャリアを始められて、当時の話もたくさんうかがいましたが、波乱万丈の人生がすべて演技に色濃く反映されて深い表現になっている。

刑事ものだけでなく時代劇もそうですが、藤田さんのドラマには厳しい世界と同時に息抜きのシーンが必ずあって、その振り幅が魅力ですよね。ぼくもいつかこんなふうに人を楽しませて、最後には深い感動を与えることができる演技をしたいなと思いましたが、そうやって憧れてもまったく届かない。厳しいけれども優しく謙虚で、本当に唯一無二の方でした。

第9章
60歳で60億円の借金生活

原田家のバブル崩壊

藤田まことの人生で、避けては通れないのが〝借金〟です。

60歳で60億円――いろいろ整理しても30億円以上の負債を抱えることになりました。きっかけはバブル崩壊と母の事業の失敗、サラリーマンなら定年して第二の人生を送るタイミングで、山あり谷ありのどん底に落ちてしまったのです。

『必殺仕事人　激突！』に「主水一家のバブル」という世相を反映したエピソードがありますが、わが家のバブル崩壊は慎ましい主水さんとは比べ物にならないレベルで、すべてが弾けてしまいました。

さかのぼれば60年代の終わりごろ、父はマンション投資に失敗して5000万円の借金を背負った経験があります（一説には1億円以上）。しかし、それは必殺シリーズの成功などで完済することができました。だからこそ渡辺プロから独立し、自分のやりたい舞台を実現することもできたのでしょう。

ところが好事魔多し。新演技座を立ち上げた際の初代マネージャーは巨額の横領をして、父のもとから去りました。家まで建てたそうなので、とんでもない金額です。ほかにも父の目が届かないところで好き勝手になさっていた方々がいらっしゃいました。それはわたしも感じていましたが、見て見ぬふりをして……残念ながらそういう取り巻きがいたことも事実なのです。

多忙な父が家にいない状況下、母は豊中と北新地でお店を経営していました。そして、さらなる欲が出てしまったのか、事業を拡大していきます。

1987年、「嵐山主水」をオープン。もともと京都有数の観光地・嵐山の天龍寺付近に170坪あまりの土地を購入していたのですが、そこに豪華なチャイニーズレストランを建てたのです。父の中華好きが影響したのか、嵐山主水は広東料理のお店で、わたしと弟も経営に携わって食器選びなどを任されました。土地と建物で18億円、ほとんど借金だったそうですが、当時はバブルで銀行がいくらでもジャブジャブ融資してくれる時代でした。

そのあと神戸のポートアイランド、凮月堂さんが経営するホテルゴーフルリッツに2号店をオープン。さらに自宅近くのロマンチック街道に土地を借り、立派なレストランを建てて「嵐山主水豊中店」を開きます。中村主水という当たり役がきっかけで、すでに北新地のクラブも「V&V」から「MONDO」に改称されていました。

豊中店のビルの一角には、わたしが店長を務めるブティックを開業。もともとスタイリストになるのが夢で、パリやイタリアに洋服の買い付けにいっていたのです。当時、父とよくお仕事をしていた女優さんも来てくださいましたね。

約束手形の乱発、そして破綻——

バブルの時代で血迷っていたのでしょう。

豊中の自宅も引っ越して、近所に「主水御殿」と呼ばれる豪邸を建てました。こちらは380坪の広さです。その豪邸もわたしと妹が家具からなにから全部決めたんです。いまにして思うと完全にバブってましたね……。

母の兄が新築した家がものすごく大きかったので、感覚が麻痺していたのでは、と思います。以前の借金も父とその義兄が一緒に始めたビジネスが原因だったのですが、そのときは危機を脱して、それぞれ仕事も順調で、お互いに刺激し合うような関係でした。そして母が嵐山主水をオープンさせて、それから神戸、大阪、さらには豪勢な自宅の引っ越しと次々に……。

父は幼いころ犬に助けられた経験があって、ワンちゃんが大好きでした。ヒデちゃんが亡くなり、当時はハスキー犬のケリーちゃんを飼っていたのですが、その豪邸を建てたときには広い庭の下に犬小屋を建てると言い出して、なんとショベルカーを入れてわざわざ作ったんです。もう一匹、ペルシャ猫のマオちゃんもいましたが、この子は父に唯一なじめなくて「猫、猫！」と呼んでいましたね。

京都の嵐山主水は料理長率いる13人ほどで回しておりました。豊中もそのくらい、神戸はコンパクトだけどゴージャスな店舗でした。すべて「新演技座」の飲食部門のような多角経営で、わたしや弟も手伝ってはいたものの、数字は母だけが把握していました。

それも甘かったと思います。お客さんは入っていて、味の評判も上々です。外観も内装も豪華でした。しかし、長い目で見て経営のバランスが取れていたのかといえば、破綻したわけですから無理があったのでしょう。初期投資があまりにも大きく、材料の仕入れや給与の支払いも多大。さらに銀行は「借りろ、借りろ」で狂っていった。

開業資金だけでなく、金利の支払いも店舗の運営資金も借金という完全な自転車操業でした。母は父に迷惑をかけまい、店を守ろうと約束手形を乱発し――そして、ついにパンクしてしまいます。1993年9月のことでした。

母は博才こそありましたが、やはり事業の才能はなかったと思います。わが家の先祖をたどると父は医者系で、母は海賊系……廻船問屋を営んでいて、その血を引いているからでしょうか。やはり父のほうが手堅い性分でした。

強気でイラチで〝パパさん命〟の母でした

〝夫人経営の「嵐山主水」倒産〟
〝ムコ殿がハマった30億円借金地獄〟
〝自己破産寸前「借金60億円」の藤田まこと〟

バブル崩壊後、借金返済に日々奮闘した藤田まこと

週刊誌やスポーツ新聞には、そのような文字が次々と並び、テレビのワイドショーも大騒ぎです。名鉄ホールで『その男ゾルバ』公演中だった父は髭のまま記者会見を開くことになりました。

「役者バカなんていう時代じゃありません。俳優としての責任を取りたい。自宅も処分し、返済していきます」

父は母を責めることもなく「またマイナスから始めたほうが、俺はやりがいがある」と、あっぱれでした。なにがあってもお前たちを守る……そう宣言してくれたのです。

わたしたち家族は父に頼って生きてきたので、いきなり60億円と言われても戸惑うだけでした。さいわいにも父の仕事は3年先まで埋まっていたので、いきなり追い出されることはなく、豪邸にいながらにして無一文という奇妙な状況でした。もちろん、わたしや妹の服や宝石などは多くを手放しました。

そしていざ引っ越しとなると、次はマンション暮らしですから、なんでもかんでも持ってはいけない。トラック何十台分もの荷物を処分しました。ただし、プライバシーが守れる環境に引っ越したのは正解だったと思います。

引っ越し先のマンションは同じ大阪の箕面でしたが、父もそこを気に入ってくれたのです。ちなみに豊中の主水御殿は現在、老人ホームになっていて、泉下の父もびっくりしていることでしょうね。

バブルが弾けて、母はホッとしたんじゃないでしょうか。しかし〝悪妻〟として世間からバッシングされてしまい、麻雀好きというのもイメージが悪かった。一部の関係者からも「藤田さんを追い詰めたのは奥さんや」と非難されましたが、それでも父が守ってくれて……その後は表に出ることなく、静かに暮らしました。

いろいろと悪い噂を広める人間も出てまいりました。わたしたち家族が、あらぬ誤解を受けることもありました。父がわたしたちを見限ったのであれば、家族が非難されるのも致し方のないことでしょう。しかし、そうではありませんでした。

父は父で母に対する負い目や申し訳なさがあったと思います。夫婦というのはいろいろな事情があるものだと。だから一切なにも文句を言わずに、すべてを受け入れてくれたのだろうと思います。

しかし、強烈な母でした。「パパはわたしの旦那や！」が口ぐせで、「なににお金を使おうがほっといて！」と豪語するくらい。それから独身のわたしたち娘に向かって、「ママは大当たりや！」と笑いながら言ったり……もう漫画みたいな人なんです。

その「大当たりや！」の意味は……お恥ずかしい話なのですが、母はお嬢さま育ちで家事全般をしなくていい人だったので、引っ越しのときもなかなか準備を始めないわけです。豪邸から箕面のマンションへの引っ越しは、先程も述べたように大仕事です。

それがなかなか進まないので「またママやんか！　ママのせいで引っ越しできへんやんか！」と言ったら、いきなり食べていたおにぎりが飛んできて「ほっといて！」。そこからがすごいんです……。

「ここはわたしの家や！　パパはわたしの旦那や！　あんたらにとやかく言われる覚えはない！　あんたら、言うたかて父親やんか！　わたしがなにしようとあんたらに関係ない！　ママはパパと結婚して大当たりやったんや！　ほっといてんか！」

そう言って、バーンと家を出ていった。意味不明ですよね。でも、いつの間にか帰ってきて、荷造りをしていました。そんな母で、ある意味かわいい人やったんです。

開き直ったら、ほんまに強気。イラチで、なにせ海賊の血筋ですから。

本当は〝パパさん命〟のかわいい女性だと思うんですけど、身内から見ていても言葉がストレートでキツく聞こえる。ですから仕事関係の方にも誤解を与えて、「なんや、あの嫁は」と思われることがありました。

そういうこともあって、バブルが弾けて一気に叩かれてしまった。そんな母に対して、父はとにかく寛容で、男気がありました。ぶつかるようなことがあっても、すぐ父が折れる。だから激しい夫婦喧嘩というのは見たことがないのです。

母だけでなく周囲の人間に対しても細かいことは言わず、目をつぶりながら乗り越えてきた。それが役者・藤田まこと、そして父・原田眞としての生きざまでした。

座右の銘は「人生あきらめたらあかん」

それからの父は、まさに馬車馬のように働いてくれました。

ドラマの制作発表でも「借金は10年以内で返す」と場違いな宣言をし、舞台では自虐ネタで客席を沸かせていたものです。ノイローゼになって、いつ自殺してもおかしくない状況だと言われましたが、自己破産することもなく〝役者バカ〟として生きたのです。

「借金が増えたら楽に仕事ができるようになりました」

　この発言なんて、いかにも父らしいなと思います。娘としては複雑な心境でしたが……。実際は借金を背負ったあとも弁護士に騙されたり、事件屋が近づいてきたり、弱り目に祟り目で、さまざまなトラブルに巻き込まれました。かの田宮二郎さんが引っかかってしまったという〝M資金〟の誘惑まであったのです。

　すべてが順調で充実していた50代に出した著書のタイトルが『年をとるのも悪くない』、その次が『人生番狂わせ』なんて、本当に悪い冗談としか思えません。しかし、転んでもタダでは起きないのが、父の強さです。なにせ座右の銘は「人生あきらめたらあかん」でしたから。

　借金問題で新演技座も解散となりましたが、その後ディナーショーなど営業関係のお仕事は「ライズアップ」という個人事務所を立ち上げ、わたしが代表となりました。こちらが現在の「藤田まこと企画」の前身です。

借金については各方面にご迷惑をおかけしましたが、『はぐれ刑事純情派』も『京都殺人案内』も打ち切られることはなく、各現場では変わらぬお付き合いを続けさせていただきました。ドラマ、舞台、営業……役者としてはますます多忙な日々で、苦手なバラエティに出るようになったのも、このころです。トメや中ドメの仕事も受けるようになりました。

当時、お世話になった方に東建コーポレーションの左右田鑑穂社長がいらっしゃいます。名古屋に本社がある東建さんとのご縁は名鉄ホールの舞台『その男ゾルバ』からで、メインのスポンサーでついてくださったんです。

そんなタイミングで、母の事業が破綻してしまい……。忘れもしません、家族会議を開いているときに東建の社長さんからお電話があって「藤田さん、大丈夫ですか？ ぜひ一緒にお仕事しましょう」と仰ってくださり、広告のオファーなどで助けていただきました。

大勢のお施主さまをお連れする海外ツアーがありまして、そこで藤田まことショーも行われていたんです。そのとき「お嬢さんもご一緒にどうぞ。大変な時期ですけど、息抜きとしてぜひ」とお声がけいただき、初めて社長さんにお会いしました。

そこで左右田社長が仰ったのが「ぼくは息子しか育てたことがないんですよ」。娘を育てるのが夢だったというお話で、こうしてわたしたち姉妹と父が共演する東建コーポレーションさんのテレビコマーシャルが実現したのです。

わたしは人前に出るのが苦手だったのですが、けっきょく父と一緒に３本ほど出演させていただきました。社長さんが「お嫁にいくきっかけになるかもしれないね」と言ってくださって、まったく別のきっかけではありましたが、わたしは１９９７年に結婚、ハワイでの10年間の海外生活が始まったのです。

第10章
ライフワークとなった『剣客商売』

65歳での当たり役、秋山小兵衛

父がよく話していたのは「藤田まことの役者人生を10年単位で考えている」ということでした。後年は病気や年齢の問題で5年単位でしたが、常に先のことを見すえていました。そして65歳のとき——1998年から始まった『剣客商売』の秋山小兵衛は、父がみずから望んで演じることができた、かけがえのない役となったのです。

『剣客商売』
1998〜2010年放送（全53話／単発スペシャルふくむ）
出演：藤田まこと、小林綾子、渡部篤郎ほか
原作：池波正太郎
脚本：古田求、田村惠、野上龍雄ほか
監督：富永卓二、蔵原惟繕、井上昭ほか
制作：フジテレビ、松竹

『鬼平犯科帳』『仕掛人・藤枝梅安』に並ぶ池波正太郎先生の小説を原作とした『剣客商売』は、おなじみ京都映画（当時の社名は松竹京都映画）のスタッフのみなさんとのお仕事です。

藤田まことが演じた秋山小兵衛は、40歳も年の離れた女房おはると暮らす悠々自適の身。道場を継いだ息子の大治郎とともに、いまだ衰えぬ剣の腕をもって事件を解決します。

父は池波先生の大ファンで、『剣客商売』の映像化を熱望していました。しかし、必殺シリーズの第1弾『必殺仕掛人』が池波先生の意に沿わず朝日放送とのトラブルが生じ、続いて〝金をもらって恨みをはらす〟コンセプトを継承したままオリジナルの『必殺仕置人』が作られ、先生は激怒したそうです。「なんだ、あれは俺の作品のパクリじゃないか」と。

ですから、『仕置人』で中村主水を演じ、そのまま必殺シリーズの顔となった藤田まことが秋山小兵衛を演じるなど言語道断……これは父の推測ですが、もし池波先生が生きておられたら許されなかったのではないかと語っていました。

必殺シリーズの因縁があったものの、松竹と京都映画は中村吉右衛門さん主演の『鬼平犯科帳』を1989年に送り出し、高い評価とともに人気シリーズとなっていました。『鬼平』

と同じフジテレビの能村庸一さん、松竹の佐生哲雄さん、そして池波先生の信任も厚い市川久夫さんのプロデュースで『剣客商売』三度目の映像化となり、父の念願が叶ったのです。

これまで秋山小兵衛を演じてきたのは山形勲さん、中村又五郎さんでした。とくに歌舞伎俳優の中村又五郎さんは池波先生が小兵衛のモデルにした方であり、小柄で飄々としたキャラクターはまさに適役。父は174センチと、あの世代にしては身長があるほうなので、そうした部分でも不安がありました。

さらに「ぜひ小兵衛を演じたい」というベテラン俳優の方もいらっしゃったそうです。父が松竹に直談判したときの言葉を著書『最期』から引用しましょう。

「小兵衛というのは、剣の達人であります。彼のもうひとつの面は、親子ほど年の離れた20歳の娘を嫁にしているところ。なにも知らない娘に手を出す男です。平気な顔をして、若い女の子のおしりをさっと撫《な》でて、いやらしくもなく、不自然でもない男。そのへんに関しては自信があります」

父のみならず、娘としても「どんな口説き文句や」と思いますね。

しかし、こうして藤田まことは秋山小兵衛役を獲得し、ドラマに舞台と晩年までライフワークとすることができました。60歳を超えて新たな当たり役に出会えるなんて、しあわせですよね。撮影前には池波先生の奥さまにご挨拶させていただきましたし、円熟の存在感が1話ごとに残されたと思います。

〝反骨精神〟に貫かれた役者人生

『京都殺人案内』『はぐれ刑事純情派』、そして家庭内暴力に向き合う映画『積木くずし』など、これまで藤田まことが演じてきた〝父親〟は、娘をもつ役どころが目立っていました。『剣客商売』では渡部篤郎さん、そして第4シリーズからは山口馬木也さんが小兵衛の息子・大治郎を演じ、それぞれ滋味深い演技を残してくださいました。

記念すべき第1話のタイトルが原作と異なる「父と子と」というのも象徴的です。これは余談ですが、山口馬木也さんは名前に〝馬〟がつくご縁もあり、かわいがっていましたね。あんな顔だからか、なぜか父は馬肉を口にしない人間でしたが……。

小林綾子さんのおはるとのかけ合いも毎回チャーミングで、大治郎と結ばれる（これまた剣客の）三冬役の大路恵美さん、寺島しのぶさんもふくめて4人のキャラクターのアンサンブルが見事な作品でした。

池波先生の『剣客商売』は、ときに人情もの、ときに武士道の理不尽を描いたもの、ときに強敵と戦うもの……それぞれの短編が幅広いジャンルを示しており、ドラマ化においてもバラエティ豊かな作品となりました。

また、すでに隠居の身の秋山小兵衛は、権威とは無縁の人間です。父は、いわゆるサクセストーリーが大嫌いで、例に出して申し訳ないのですが、花登筐《はなとこばこ》先生の書かれた『どてらい男《ヤツ》』や『あかんたれ』のような根性ものが苦手でした。

要するに「出世していく男」「偉くなっていく男」に魅力を感じず、そんな役を演じるのは願い下げだと。食うか食われるかの世界など人間らしい生き方とはいえず、そこで生じた〝無理〟をドラマで描くこともない……偉人や戦国の英雄に魅力を感じなかったのです。

藤田まことの当たり役といえば、あんかけの時次郎、中村主水、音川音次郎、安浦吉之助、どれも庶民であり、主水さんは武士とはいえど三十俵二人扶持の下級同心です。

やはりそれらの役には〝反骨精神〟が根づいており、秋山小兵衛もまた同じ系譜に位置づけることができるでしょう。もちろん長い役者人生、『重役室午前0時』や『社長が震えた日』のような見ごたえある企業ドラマにも出演していますが、生涯を関西で過ごしたこともふくめて、そういった信念の持ち主でした。

それから父は京都の仕事が多かったので、同じ時代劇でもNHK大河ドラマ『武蔵　MUSASHI』で柳生石舟斎を演じたときは、ずいぶん勝手が違って苦労していました。いつものようにセリフの変更を相談すると、ディレクターが「プロデューサーに相談しないとできません」。どうにも杓子定規で、とうとう父は体調を崩してしまい〝NHK病〟と呼んでいました。やはりテレビ局のスタジオより、撮影所のほうが性に合っていたのです。

フジテレビの富永卓二監督から始まって小野田嘉幹監督、蔵原惟繕監督、石原興監督など名だたる名匠が『剣客商売』を手がけていますが、いちばん本数が多いのは井上昭監督です。かつて「京都のゴダール」と呼ばれた大映育ちの井上監督、『剣客商売』においては情緒を大切にしながら父とのコラボが続きました。第2シリーズでは1〜4話をすべてお撮りになっていて、これは蔵原監督が病気で降板された代役もふくまれているそうです。

すでに時代劇が下火になって久しい90年代後半にスタートした『剣客商売』ですが、『鬼平犯科帳』とともに京都映画の撮影所を支えて、見える見えないにかかわらず、多くのものが今に継承されているのではないかと思います。

美術は必殺シリーズの倉橋利韶さんとともに大映出身の西岡善信さんが担当されており、とくに嵯峨野に建てた小兵衛の家は本格的なものでした。画面に映し出される料理や小道具もこだわりを感じさせます。

藤田まこと「御馳走帖」

わたしにとって父のイメージは〝粋〟なんです。食べ方がきれいで、おそば屋さんでもお寿司屋さんでもその姿を見て作法を教わるくらいでした。若いころは売れなくて苦労したはずなのに、いったいどこで学んだのでしょうね。

めざしを焼く姿だったり、おそばを食べるシーンだったり、娘ながらに味があると思いました。それゆえに池波正太郎先生の小説がもつ〝食〟の要素を大事にした『剣客商売』の

京都郊外の嵯峨野に建てられた『剣客商売』の秋山小兵衛宅

秋山小兵衛は藤田まことにとって、やはり適役だったのではないかと思います。

松竹さんへの直談判のときも、娘としてはその部分をアピールしてほしかったのですが、もう遅いですね。しっかり池波先生の世界観のなかに〝生きていた〟――と思います。

お寿司屋さんに行って、まだ幼い弟がオレンジジュースを頼むと「1杯だけやぞ。お寿司にオレンジジュースはあかん」と、2杯目からはお茶にしたり……そういうところはうるさかったです。お酒の飲み方も粋で、酔って崩れた姿は見たことがありません。なんでも飲みますが、後年は赤ワイン派でした。

父は麺類も大好きでした。南座の『必殺まつり』では開幕15分、ひとり主水の姿で出てくるんです。1日2回、お客さまを前に毎日ざるそばを食べる……「今日は暑いですなぁ」などアドリブでしゃべりながら15分。そこから本編が始まるのを1ヶ月やっていました。合間の食事も出前のそばで、1日3回ということもしばしば……。

だから、おそばを食べすぎたのか、帯状疱疹になっちゃったんです。栄養が偏りすぎたのでしょうね。当時は特効薬もなく、「いつか倒れるんじゃないか」と心配していましたが、やり通しました。顔には症状が出てなくて、首から下だけ。プロ根性ですよね。

「関西のうどんは喉越しで食べる。飲むんや」

そう言いながら、本当に噛まずにツルツルと飲んでいました。「噺家《はなしか》さん?・」と思うような食べ方で、道頓堀今井のような出汁《だし》のきいたおうどんが好物でした。麺も讃岐のコシがあるうどんとは、また別物なんです。

夏は自宅でそうめんやひやむぎ、それから富山の氷見うどんを〝麺ゆがき〟する。父がお鍋の前で混ぜながら頃合いを見計らって、締めるときも、ざるで揉む。揉み洗いです。それを丁寧に丁寧にやっている姿が今でも記憶に残っています。

舞台や撮影所では〝鍋奉行〟でしたが、オフでハワイに行ったときも、みなさんのためにちゃんこ鍋を振る舞っていました。鶏ガラの醤油ベースで、ちょっと甘いんです。

食べることが好きな父でしたから、大阪の焼肉チェーン・食道園さんのコマーシャルをやらせていただいて、よくお店にも行っていたのですが、テレビの番組で「肉より魚が好き」と言ってしまい降板になったこともありました。

東京での仕事が多くなると、叙々苑さんのライスバーガーとキムチチゲを楽屋に来てくださった方へのお土産に用意していました。甘いものだと忘れもしないのが、おはぎの丹波屋さんのコマーシャルです。

関西ローカルですが、店員さんとのかけ合いの〝間〟がさすがでした。丹波屋さんをやっているときのお土産はおはぎで、舞台でもなんでもそう。「こう」と決めたら義理堅くて、一途なのです。それから養命酒さんには「わが家は無病息災、家内安全」というコマーシャルを借金事件のときも流していただき、感謝しております。

「あたり前田のクラッカー」の前田製菓さんは、藤田まことを偲ぶ会の引き物としてクラッカーを用意してくださいました。あの決めセリフは中之島のABCホールでの第1話の公開収録で生まれたもので、あんかけの時次郎がやくざを斬ったあと「てなもんや！」と言いながらクラッカーを出す予定だったのですが、リハーサルで音響効果のスタッフさんが扉を開ける効果音とともに「あたり前田のクラッカー」と呟いたのを澤田隆治ディレクターが耳にし、すかさずイタダキとなったそうです。

どの役もすべて自分のものにして「いつ考えるんやろ?」と娘の立場からも不思議でした。自宅で台本を読んでる姿は見たことがない。晩年は孫の花りながいたので「一緒にお勉強や」

と読んでいましたが、セリフ覚えの早さは本人も認めていました。天性のものだと。

おそらくホテルでは台本を読み込んでいたと思います。京都での仕事中もホテルに籠もって、まさに〝戦《いくさ》に行く〟という感覚でした。東京での撮影の場合、マンションに住む方が多いのですが「パパは切り替えをつけたいから」と、常にホテル派でしたね。

そうやって生活と仕事の場を完全に分けていました。だから自宅は唯一ホッとできる家族との空間で、それ以外は仕事場、戦場だったのです。２００２年に紫綬褒章をいただいた際のスピーチもよく覚えています。

「ぼくは若いときに売れて天狗になったことがある。見栄を張って、なにもない神輿《みこし》に飾りが付きはじめた。だんだん派手になり、こんな神輿は担いでいられないと、次第に人がいなくなってしまう。そこで、初めて余計なものに気がつく。飾りを外してゼロにすると、また担ぐ人が集まってくれました……こうして、いま自分はここにいるのです」

いつまでも自分の芸を磨いて、芸一筋で役者としての〝藤田まこと〟を築き上げていく父でした。

小林綾子
役者としての現場での理想像

1998年から2010年まで続いた『剣客商売』、藤田まことは秋山小兵衛を演じて新たな当たり役とした。女房のおはるに扮したのは、かつて『おしん』で天才子役と呼ばれた小林綾子。40歳も年の離れた夫婦役として、たっぷりと共演シーンの思い出が語られていく。

撮影所では定期的に鍋パーティを開くんです

藤田さんとは『剣客商売』で夫婦役をやらせていただいて、ドラマだけでなく舞台もふくめて10年以上ずっとご一緒させていただきました。まずはやっぱり〝すてきな俳優さんだな〟と思います。

おはるが接する小兵衛さんというのは本当に力が抜けていて、歳も離れているのですが、でも剣客として決めるところは決める……藤田さんはそういうギャップを本当に上手く演じ分けていらっしゃいました。あの雰囲気が出せる方は、やっぱり藤田さんしかいないんじゃないでしょうか。秋山小兵衛を演じた俳優さんは何人もいらっしゃいますが、藤田さんの場合、関西人のひょうきんさとユーモア、柔らかさが相まって小兵衛の味わいになっていますよね。

実際、普段の藤田さんも撮影の合間、ガンガン（石油缶を使った暖房器具）に当たってよくお話をしてくださるんですけど、若き日の武勇伝からなにから、どんな話でも必ずオチがあるんですよ。さすがは関西の方だなと思って、だからいつも聞き入ってしまうんです。

本当に家族のような雰囲気でした。もちろんキャストも大事にしてくださるんですが、それ以上に『剣客』のスタッフさんは『必殺』からの流れを汲んだ〝同志〟として結束力がありましたし、まさにプロの職人集団でした。藤田さんがスタッフさんをものすごく大事にされる方だなというのは、レギュラーに入ってすぐに感じました。

撮影所では定期的に鍋パーティを開くんです。大人数ですから大きな鍋を3つくらい用意して、朝からみんな代わりばんこに野菜を刻む。手の空いたスタッフさんが入れ替わり立ち替わり刻んでいくのですが、藤田さんは鍋が出来上がってくると、小兵衛の格好のまま鍋の周りをぐるぐるぐるぐる……後ろ手でじーっと（笑）。

まさに〝鍋奉行〟なんですよ。撮影中も、もう気になって仕方ない。ちょっと空くとすぐ藤田さんは鍋の様子を見ながら指示を出したりして、必ず手は後ろなんです。お鍋の日はスケジュールも早く切り上げて、キャストとスタッフが一緒に楽しく飲んで食べて「また次もいいものを作りましょう」。外でお食事をする機会も多く、そうやって結束力を高めていました。

セリフのキャッチボールをとても大事に

もちろん、藤田さんの思い出は飲み会だけではありませんよ。ご自分でしっかり台本の読み込みや役づくりをやってらして、現場に入ると真っ先に監督のところに行かれて「ここやねんけどなぁ」と言いながらアイデアを提案したり、気になる部分を相談されていました。全体を見たうえで、どうすればこのシーンが生きるかということを練り込んでいらしたのだと思います。

小兵衛とおはるのシーンも台本どおりではなくて、やっぱり現場の環境を重視して、セリフのキャッチボールをとても大事にしてくださる方でした。たとえば、おはるが狭いところに無理やり割り込んで、座りながら小兵衛を押したりする……「じゃあ、これでいきましょう」と、わたしのアイデアを採用してくださったり、ちゃんと応えてくれる。だから演じていて、すごく楽しい現場でした。

わたしのスタートは子役時代の『おしん』で、あのドラマも橋田（壽賀子）先生のすばらしい脚本で大切な作品なのですが、『剣客商売』は『おしん』の耐え忍ぶ役とはぜんぜん違う天真爛漫なキャラクターですよね。おはるは小兵衛先生が大好きで、でも嫉妬深くてすぐプンプン怒っちゃう。

おはるという役はどこか自分の素に近いところがあって、のびのびと演じることができました。基本的には台本どおりに演じていますが、年月を重ねて、おはると小兵衛さんの関係性ができてくると、より自由にキャラクターを作り上げることができて、楽しく演じさせてもらうことができました。

演技についてアドバイスをいただいたことは、あまりなかったですね。ただし同じ役者さんでも男性の方からは「いやぁ、すごく厳しくてね」という話を聞いたことがありました。わたしへのダメ出しは全然なかったんですが、それは女性だったからかもしれないですね。「そんな芝居はダメだ」と怒られたという話を聞いて、わたし逆に驚いたんですよ。

イヤな思い出ではないんですが、舞台の記者会見のときかな、ちょっと「失礼なこと言うなぁ〜」と思ったことはありました。もちろん冗談半分ですけど、「おはるを演じるのは綾子さんしかいない。足が短いから帯が腰の位置で安定する、こういう女優は綾子さんしかいないんですよ」って（笑）。

小兵衛宅のセットの思い出

嵯峨野の山奥に建てた小兵衛宅のセットも見事でした。あれはもう出せない味ですよね。大自然の竹薮があって、家の前に本物の小川が流れていて、畑がある。そこにニワトリを6羽放つんですよ。だんだん屋根も苔むしてきて……毎年撮影でうかがうと、すごくホッとしました。

あるときは、スズメバチが巣を作っていたこともあって「ここは危険や、ちょっと離れて!」と撤去したり、夏に撮影すればセミの鳴き声がすごいから水鉄砲で追い払ったり、いろいろな出来事がありました。たまにしか使わないから、外国人が住み着いていたこともあったんです（笑）。

撮影になると小道具さんが火を起こして、あの屋根のところから煙が出る……本当に温かい雰囲気でした。おはるが料理を用意している風情が、建物から伝わってきます。藤田さんが亡くなられたあと取り壊しになりましたが、それまでずっと建てっぱなしで、松竹さんが月々お金を払って維持していらしたとか。それだけ大事にしてもらったのは、本当にありがたいことだなと思います。

室内は撮影所のセットですが、藤田さんはいつもお食事をきちんと召し上がって、そういうシーンも絶妙でした。あのお食事は銀座の「てんぷら　近藤」の近藤文夫さんが監修されたもので、タッパーに入れて京都に送って、それを小道具さんがレクチャーどおりに再現してお出ししていたんです。

わたしは毎回「先生、できたよ！」と言って出すばっかりで、ぜんぜん料理を食べられない（笑）。だから、いつもカットがかかったあと「ちょっと食べていいですか？」って聞いていました。やっぱり近藤さんのお料理ですし、すごくおいしいんですよ。そうしたら、ある時期からは小道具さんが「取ってあるから、こっちおいで」と、用意してくださるようになりました。藤田さん自身も素朴なお味が好きだったみたいで、とても好んで食べていらしたと思います。

丁寧な時代劇づくりと信頼のプロ集団

藤田さんが仰っていましたが、『剣客商売』については「予算的なことは気にしなくていいから、とにかく歴史に残るようないい作品を作ってください」とフジテレビから頼まれたそうです。ですので、きちんとした丁寧な時代劇にしたいという気持ちが強くありました。

おはるが小兵衛を乗せて舟を漕ぐシーンがありますよね。あのロケも京都から1時間半かけて琵琶湖の奥にある近江八幡《おうみはちまん》の西の湖まで行っていたんです。まぁ遠いんですよ。「たったワンカットでもそこまで出かけて撮影をする。そのこだわりが大事なんや」と藤田さんは仰っていました。

早朝から撮影所で支度をして出発し、半日の撮影のためだけに本物の櫓《ろ》の舟を持っていくんです。オープニングも舟のシーンですが、西の湖を江戸の大川に見立てていて、いい画ですよね。やっぱり、ひとつひとつが丁寧でした。

藤田さん、最初の『剣客商売』との出会いは飛行機の中だったとうかがいました。オフでハワイに行く途中、池波正太郎先生の本を読んで「ぜひ秋山小兵衛をやりたい」と思ったそうです。

待ち時間が妙に長くなってしまったり、天気が変わりそうとか、そういうときは藤田さんがビシッと現場を引きしめることもありました。「早よいこう!」とよく仰っていた気がします。その声でスタッフのみなさんもパッと動くし、長年の経験からよくわかってらっしゃるんだろうなと思いました。

藤田さんが信頼されていたスタッフは、まず照明の中島（利男）さんですね。それから録音の中路（豊隆）さん。わたしも中路さんとは仲良しで、待ち時間になると中路さんの隣が自分の指定席みたいな感じで、いろいろなアドバイスをいただきました。カメラマンの藤原（三郎）さんも大好きで、いい画を撮ってくださいました。やっぱり京都の撮影所でしかできない作品だなと思います。本当に職人さんのプロ集団で、それぞれのエキスパートが集まった最高のチームでした。

監督で印象深いのは、井上昭さんです。井上監督の画を見ると、優しさがあふれている感じで、シーン変わりに入るちょっとした画も風情があって、映像にすごく愛のある監督でしたね。話しやすかったですし、井上監督とは現場でいろいろ相談させていただきました。

ほかの仕事で京都にうかがったときもスマートという喫茶店に行くと必ず井上さんがいらっしゃって「カントク～！」、また話に花が咲いたりして。ずっと助監督をされていた酒井（信行）さんも途中から監督になられて、『剣客』の世界を引き継がれました。本当に家族みたいなチームで、藤田さんの役者としての積み重ねが基礎にあるんだろうなと思います。

演技事務の山緑（美春）さんにもお世話になりました。山緑さんはお酒が大好きで〝ビールの女王〟と呼ばれていたんです。ひたすらビールしか飲まないから藤田さんに「もうタンク背負っといたらええねん。それでチューチューしとったらええ」って、野球場の売り子みたいにしてろって（笑）。やっぱりユーモアがありますよね、藤田さんって。

「舞台は食卓」「楽屋は厨房」

『剣客商売』は舞台にもなりまして、1ヶ月単位の公演で東京、名古屋、大阪とずいぶんやらせていただきました。そのとき「藤田さん、やっぱり舞台がお好きなんだなぁ」ということを実感しました。ご本人にうかがったのですが、とくに思い出深い作品は『その男ゾルバ』だったそうです。

それから「舞台は食卓」と仰っていました。みんな時間が空くと楽屋でちょっと休んだりするけど、休むなら家に帰って休めばいい……要するに「楽屋は厨房」ということで、厨房でしっかり料理したものを舞台という食卓に出してお客さまにおいしく召し上がっていただく。そんな話を聞いて、なるほどと思いました。舞台は食卓、楽屋は厨房、この例えもよく覚えています。

それから藤田さんって連日みんなを飲みに連れていくので、いつセリフを覚えているのか、いつ役作りを考えているのか……すごく不思議で、聞いてみたことがあるんです。そこは曜日で区切っているそうで、細かくは忘れちゃったんですが、仮に月・火・水はとにかく仕事のことを考える日、それ以外はゆとりを持つ……きちんと曜日分けをして自分の人生設計をしていたそうです。

やっぱりトップに立つ方はきちんと自分で考えて行動して、道を切り開いていらっしゃるんだなと思いました。すぐに自分が真似できるようなものではありませんが、役者としての現場での理想像を『剣客商売』で教えていただきました。

〝肉うどん〟のおいしさを教えてくれた

大治郎役の（山口）馬木也くんは、本当の息子のように藤田さんにかわいがられていました。いま馬木也くんが初主演した『侍タイムスリッパー』がすごく話題になっていますよね。藤田さんの次女の絵美子さんも自分のことのようによろこんでいらっしゃいました。

馬木也くんは『剣客』で立ち回りを学んで、舞台のときは若い子に指導したりと殺陣師ができるくらい鍛錬していました。そういう積み重ねが『侍タイムスリッパー』に表れているなぁと思って……もう馬木也くんを見たら武士にしか見えない（笑）。本当によかったです。

あっ、もうひとつ思い出したのですが、藤田さんに教えてもらったことのひとつに〝肉うどん〟があります。大映通り商店街にある美濃屋さんの肉うどん、あのおいしさを教えてくれました。

かやくごはんと肉うどんのセットをよくお昼に頼んでらっしゃって、わたしも食べてみたらおいしくて、もう出前だけでは飽き足らず、みんなでお店に行ったりもしたんです。そもそも東京だと、あんまり肉うどんって食べないですよね。「なんの肉が乗ってるのかな?」って、そんなレベルだったのが大好物になりました。

それからお弁当は、つたやさん。毎回ロケに行くと、つたやさんのお弁当を食べながら藤田さんが「何十年も変わらへんなぁ」(笑)。いわゆる日の丸弁当で、おかずはしいたけの煮物、ちくわ、卵焼き、アプリコットといったシンプルなもの。松竹さんはずっとそのお弁当が御用達だったんです。

お鍋のパーティに肉うどん、お弁当と食べものの話ばかりになってしまいましたが、それも池波先生の『剣客商売』らしいですよね。おはるという役は女優としてのターニングポイントになりましたし、藤田さんとの夫婦役を自由に楽しく演じさせていただきました。心から感謝しております。

藤田まことを偲ぶ

山口馬木也

語りきれない「父上」への思い

『剣客商売』の秋山大治郎役を渡部篤郎から引き継いだ山口馬木也は、2003年から藤田まことと親子役で共演し、多くの薫陶を受けた存在だ。取材時の2024年冬には初主演映画『侍タイムスリッパー』が大ヒット、かけがえのない「父上」から教わったこととは——。

情感や情を大事にされる方でした

自分にとっての源流は「父上」なので、藤田まことさんの思い出はたくさんあります。俳優としても尊敬していましたし、プライベートでも本当に自分の父親のような存在で……かわいがってもらったんですよ。

まず藤田さんは他人の演技について、なにかを言うことは少ない方でした。ぼくもあまりないんですよ。ただ舞台の『剣客商売』で、ある俳優さんが料理に見立てたプラスチックの消え物を持ってくる場面があったんですが、それがお膳のなかでバラバラになっていた。そのときは、ものすごく怒って「心がない」と。あんなに怒った藤田さんは見たことがなかったです。

それから舞台のセットとして、背景の垂れ幕に「小兵衛の家」という地図が出るんですけど、その小兵衛の家という文字が大きかったんです。「これには情感がない。いますぐ書き直すように」と藤田さんが言っていて、どちらも情感あるいは情を大事にされる方らしい怒りでした。

藤田さんはよく〝渡世の義理〟という言葉を使っていて、公演のあとも温泉街まで挨拶に行ったり、歌を歌ったりしていたのですが、そういう部分でも情を大切にされていた方だと思います。

それから今もすごく印象に残ってるのは、現代劇の『京都殺人案内』のワンシーンです。事件が起きて、藤田さんの刑事が聞き込みに行って、ある思いを抱えたまま家を出るとき、後ろ手でそっと扉を閉めたんですよ。そのとき、すごく涙が出てしまって……あのとき感じたものは、いまだに大切にしています。お芝居について、やっぱり〝神は細部に宿る〟と思っていて、こういうところだなと実感しました。

ぼくだけ感動してしまって……ご本人はキョトンとされていましたけど、そういうところに藤田さんのすべてが出ていたような気がするんです。ぼくはその日、出番じゃないのに現場を見学していたんですね。だからすごく得したなという気持ちで、後手でそーっと閉める動きに、なんとも言えず趣があったんです。ご本人は意識してなくても、そういうところを見たお客さんが言葉にはできなくても、なにか頭の片隅に残っていく……。

藤田さんって若いころからお亡くなりになるまで、ずっと最前線じゃないですか。多くの方に愛されたのはこういうところだろうなって合点がいきました。先ほどの消え物の件もそうですが、目に見えないようなものにちゃんと気づける俳優になりたいというのが自分のベースにあるんです。

池波先生の世界観を壊してはいけない

本当に背中でしか語らないんですよ、芝居のことは。おもしろい話はよくしゃべっておられましたけど、ことお芝居に関して藤田さんは「三文役者だ」ってずっと自称してましたから。話の節々で「俺みたいな三文役者が……」ということはよく言われていました。

でも『剣客商売』も名だたる俳優さんたちがゲストで来られて、みなさん口をそろえて「やっぱり藤田さんみたいなことはできない」ということを言われて帰っていきましたね。

それから藤田さんは〝お茶目〟でした。普段もそうですが、なんでこんなに芝居がおもしろいんだろうと思って、別におもしろいようなシーンじゃないのに見る側が気持ちよくなるんですよね。

当時はね、すごすぎてわからないんですよ。若かったし。でも、とりあえず藤田さんの一挙手一投足を見ておこうとは思いました。ある年齢に達したときに、どこか重なればいいなというのが今も続いているんです。

『剣客商売』の秋山大治郎役として渡部篤郎さんを引き継ぐかたちで現場に入りましたが、なにも知らなかったのがよかったんでしょうね。時代劇の経験も少ないし、まだ若かったし、だからそのまま飛び込んでいけたんだと思います。

でも、最初の撮影が「おかえり、大治郎」みたいなシーンで、藤田さん、平幹二朗さん、梶芽衣子さん……錚々たるメンバーとともに旅から帰ってきた大治郎が食事をする。それがぼくのファーストカットだったんです。

もう緊張のあまり一滴も唾液が出なくて、魚の煮物を口にしたんですが飲み込めなくて、まぁセリフもしゃべれない。そうしたら藤田さんが「こういうときは、しいたけみたいな喉越しのいいものから食べるんだよ」と教えてくださった。それが最初のアドバイスでしたね。

『剣客商売』は食事のシーンを大事にしていて、料理は「てんぷら　近藤」の近藤文夫さんが作ってくださって、そのことは藤田さんもしきりに言っていました。こういうところが、すごく作品に影響するんだと。

もともと『必殺』をやっていたので、池波（正太郎）先生がご存命だったらぼくは『剣客商売』をできなかった……その話も、よく仰っていました。そういう思いがあってでしょうね、池波先生の世界観を壊してはいけないという責任感があるように思いました。

父上に『侍タイムスリッパー』を見ていただきたかった

俳優としてだけでなく、プライベートで教わったことも多い気がします。とくに印象に残っているのは、藤田さんってドラマでも舞台でも毎回みなさんを食事に連れていってくださるんです。そのとき絶対に誰よりも早くいらっしゃる。最初は気づいてもなかったのですが、「あれ? 藤田さんって誰よりも早くいらっしゃるなぁ」と。もちろん藤田さんが全部お支払いくださって、盛り上げてくれて、すごく楽しい会なんですけど、誰よりも早く迎える側が先にいる……それもすごく勉強になりました。

京都では、よく焼肉屋さんに連れていっていただいたんですが、ぼくは若かったから、まず最初にごはん……そこは藤田さん、すごく不思議そうな顔をされましたね。「じゃあ、お前はデートのときもごはんから食べるのか」「はい」「おかしいなぁ、こいつ」って、ぼくはぼくで「おかしいかなぁ」と思いながら(笑)。いまだに焼肉といったら、ごはんからです。

急に話が飛びますけど、ぼくは『剣客商売』が始まる前、ボロボロのアパートに住んでいたんですよ。

で、あるとき「馬木也、最近はどうなんだ?」「藤田さんのおかげで、ちょっときれいなマンションに引っ越すことができました」と言ったら、むちゃくちゃよろこんでくれて、みなさんに「馬木也がマンションに引っ越したらしいで!」と(笑)。

それもすごく感動しました。その後、藤田さんがご病気をされて『剣客』の舞台が中止になったんです。「この借りはいつか絶対返すからな」と言ってくださって……でも思い出すと、ぼくには貸しばかりで、なにも借りなんてない。そのままお亡くなりになってしまって、ちょうど今回の『侍タイムスリッパー』に結びついちゃうんです。

やっぱり父上に『侍タイムスリッパー』を見ていただきたかった。ぼくは芝居ができなくて下手だったけど、ただ真面目にはやっていたと思うんです。だから「それでいいんだ」というふうに仰っていただいていました。たぶん『剣客』というチームのなかでぼくは末っ子なんですよね。実際は孫みたいなものというか……いつも楽屋に行って朝ごはんをごちそうになって〝ひっつきもっつき〟してましたから。

『侍タイムスリッパー』にも食事のシーンがありましたが、もう絶対に藤田さんの影響を受けています。ケーキを食べるくだりもト書きに「泣く」と書いてあるわけではなく……紅萬子さんとの最初の撮影があそこだったんですけど、「いきなり熱い芝居してるなと思っててん。それがあんなウケるとは思わんかったわ」と、あとから言われたんです。役だけでなく、ほんまにけったいなやつが来たなって、なにケーキで泣いてんねんって（笑）。

あぁ、なるほど。あのとき自分はこう思っていたけど、周りはそうじゃなかったと気づいて。あいうところで、ぼくが演じた（高坂）新左衛門の心が揺れるというのは、もう間違いなく小兵衛と大治郎がもとになっています。

それから藤田さんのご出身って池袋ですよね。『侍タイムスリッパー』も池袋シネマ・ロサからの上映で350館以上に広がったので、そういうこともふくめて、いろいろなところでつながってしまうんですよ。この作品をやってから、すごく感じますね。

俳優としても演技としても等身大

ドラマの立ち回りは細川（純一）さんという方が吹き替えてらっしゃるんですけど、舞台でそっと刀を抜くところがあるんです。藤田さんの登場シーンで、やっぱりあれは真似できない。いつも等身大で、俳優としても演技としても等身大で、どうやったらあそこまで到達できるのか。細川さんとよくそんな話をしていました。けっきょく答えがないから、答えも出ないんですけど。

ただそこにいるだけ……これが究極な気がしますね。それはもう芝居や技術ではなく、プライベートでどう生きてきたかが大事で、生きざまみたいなものしか出ないというのが、ある意味では答えなのかなと思います。そんなことも一緒にいて感じ、考えるきっかけを与えてくださいました。

現場で思い出深いのは、やっぱり井上昭監督です。藤田さんとすごく共鳴していたように思います。『剣客商売』という作品の大事な部分や描きたいものがぴったり合っていて、だから井上組の撮影はすごく印象的ですね。

ぼくはもう時代劇の経験が浅くて、三冬役の寺島しのぶさんもそうでしたから、ふたりで「今日、抜刀あるかなぁ」「納刀あるかなぁ」とドキドキしていて、それくらいなにもできなかったんですよ。本当に一生懸命で、みなさんに怒られながらの撮影でした。思い返すと恥ずかしいことばかりで迷惑をかけて……それでも藤田さんに怒られた記憶はないんですよ。

『侍タイムスリッパー』でも抜刀・納刀の訓練を繰り返すシーンがありましたが、やっぱり衰えてるんですね。だけど、ここが分かれ目で〝肉体がああいうふうに動いてた〟という記憶がまだ残っているので、なんとかやれたんじゃないかと思います。

でも今後は藤田さんが醸し出す、等身大の存在を目指したいと思う時期に差し掛かって、ちょうど境目になっています。殺陣でも決してスピードがあるわけではなく、でも芝居として人を斬っていく……あの姿を覚えているので、あそこにたどり着ければなぁと思います。

ずっと〝困ったときの藤田さん〟なんです

『侍タイムスリッパー』の照明は松竹の『剣客』を担当されていた、はのひろしさんと、それから東映の土居欣也さんなんです。結髪さんも衣裳さんも東映系のメンバーで、斬られ役は剣会の方々。だから非常に安心して現場に臨むことができました。

みんな現場に行くと「おかえり」って言ってくれるんですよ。「よう帰ってきたな」って、そんな人たちに囲まれながら、逆に緊張もありますけど非常にいい環境で映画を作れたなと思いますし、それも言ってしまえば藤田さんが授けてくださったことが発端なので、やっぱり節々に思い出しますね。なにかのときに「あっ！」となる。だからずっと〝困ったときの藤田さん〟なんです。

こうやって話をして、画が浮かんじゃうとマズいんですよ。やっぱり感情が上がってきちゃう。最近は、ものの見方が変わってきて、なんだか涙もろくなってしまって……とくに藤田さんの話は直結しちゃっているから、別にスピリチュアルな人間ではないんですが、どうしようもなくなっちゃいますね。

先ほど藤田さんが誰よりも先に待っているという話をしましたが、あれには欠けている部分があるんです。ぼくも『剣客』では準主役だったので、舞台になると立ち回りの方たちをお呼びして、おもてなしする会があったんです。そのとき自分が主催なのに、ちょっと遅れて参加してしまった。よくない言い方ですが、どこかに自分がお金を出しているからという驕《おご》りがあったと思います。でも「いや、藤田さんは誰よりも先にいたぞ」と。ぼくらは藤田さんに誘われて、よろこんで行ってましたけど、ご本人としては、みんな時間を割いて来てくれるんだからという心遣いですよね。本当にちょっとしたことなんですよ。だけど、すごく大事にするべきところだと学びました。

それが『剣客商売』での料理へのこだわりであったり、ちょっとした情感や景色であったりと……すべてそういうことだったのかなぁと思います。よく藤田さんは「このセリフには情がない」ということを仰っていて、こうしたほうが情感は出る……監督も決して忖度しているわけではなく、意見を取り入れていました。

もちろん脚本家の方が書かれた台本があるわけですが、おそらく藤田さんとしては直感として、この時間、この相手、この場所でそのセリフを言うことへの違和感があるんでしょうね。だから意見を出して、しかも藤田さんを通して降りてきた提案が的確だから、誰も否定はできない。あれは解釈というより〝本能〟だったんじゃないかと思います。そこに狂いはなかったですね。

『侍タイムスリッパー』のおにぎりを食べるシーンで「磐梯山《ばんだいさん》の〜」というセリフが出たのも、やっぱり藤田さんの影響ですから。台本にはないんですよ。「雪のように真っ白な」と言うときに、なんの雪だろうと思って、ふっと、いつも新左衛門が見ていた雪山のイメージが降りてきて、その場で「磐梯山って言ってもいいですか?」と提案しました。あれはもう本当に藤田さんです。

謙遜ではなく、到底及ばないのは痛感しています。ただ、自分のベースになっているのが藤田まことであることは間違いない。演技というのは選択すること、そして表現すること……そういう意味で、まさに藤田さんは達人なんです。夏八木勲さんが「藤田さんは達人だ」と仰っていて、夏八木さんをもってして、そんな言葉が出てくるなんてすごいですよね。

『剣客商売』がなかったら役者を続けられてなかったし、藤田さんがいなくても当然そうだったと思います。あそこから今日までつながっているのは間違いないので本当に感謝しかありません。

亡くなられて、もうすぐ15年ですよね。そうすると、まだ若い方々は藤田さんの作品を見ていない可能性があるじゃないですか。ぜひ見てほしいんですよ。芝居ひとつでこれだけ作品が豊かになる。あらためてその力はすごいなと……だから、ぜひ「父上」の作品を見てほしいなと思います。

第11章
主水ふたたび、『必殺仕事人2007』

21世紀によみがえった必殺シリーズ

『必殺仕事人2007』
2007年7月放送
出演：東山紀之、松岡昌宏、藤田まことほか
脚本：寺田敏雄
監督：石原興
制作：朝日放送、テレビ朝日、松竹

2007年、ずばり『必殺仕事人2007』で必殺シリーズが復活します。中条きよしさん主演の映画『必殺！　三味線屋・勇次』以来8年ぶりの新作で、朝日放送と松竹に加えてテレビ朝日が参加、ゴージャスなスペシャル番組となりました。

じつは一度、中村主水は死んでいました。さかのぼると1991年の『必殺仕事人　激突！』で4年ぶりのレギュラー放送が復活し、その後96年公開の映画『必殺！　主水死す』で壮絶

な最期を遂げた（ように見えた）のですが、映画とドラマは別物なのでしょう――あっさり〝なかったこと〟として『必殺仕事人２００７』が制作されました。

先にも記したように、この作品で藤田まことは主役ではなくトメに回りました。

東山紀之さんの渡辺小五郎、松岡昌宏さんの経師屋の涼次、大倉忠義さんのからくり屋の源太、そして和久井映見さんの花御殿のお菊……まったく新しいキャスティングで生まれ変わり、中村主水は作品を支える重しのような役目として後進に道を譲ったのです。必殺シリーズは〝チーム制〟の作品なので、ほかの時代劇と違って主人公が入れ替わっても成立するという柔軟性がありました。

ずっと第一線の主役にこだわってきた父ですが、もう年齢の問題などもあり、脇に回ることは納得していました。その前にもフジテレビの『仕掛人藤枝梅安』で元締・音羽の半右衛門を演じ、松たか子さん主演の連続ドラマ『役者魂！』では堅物のシェイクスピア俳優・本能寺海造役としてトメを務めていました。後者は大福を食べるシーンが印象的で、父の喜劇センスと舞台愛、そして家族愛が発揮されたハートウォーミングな快作です。

『必殺』の現場でも東山さんたちからリスペクトしていただき、継承できる部分はどんどん受け継いでもらおうと考えていました。時代の移り変わりで撮影もフィルムからハイビジョンに変更となりましたが、名カメラマンとして活躍された石原興監督の手により、これまでにない華やかな作品となりました。

そのあと父は『明日への遺言』で岡田資《たすく》中将を演じます。藤田まこと最後の主演映画であり、第二次世界大戦後、部下の命を守るためB級戦犯として東京裁判に臨んだ軍人の生涯を描いた感動作です。

黒澤明監督の助監督を務めてきた小泉堯史監督をはじめ黒澤組のスタッフが結集、成城の東宝スタジオに本格的な法廷のセットを組んで撮影が行われました。膨大なセリフとカットを割らない撮影に「70を過ぎてからの手習いにしては、ちょっと荷が重すぎた」と語っていましたが、戦争で兄の眞一さんを亡くした父は〝日本人としての品格を最後まで失わず、世界平和を願って散った〟岡田中将に全力で打ち込んでいました。

『明日への遺言』では富司純子さんと共演――かつて『スチャラカ社員』や『大阪ど根性物語　どえらい奴』で恋人役に扮しており、42年ぶりの撮影でした。奇しくも『剣客商売』

で長女の寺島しのぶさんとご一緒していた縁もあり、往時の〝恋人〟との再会をよろこんで〝夫婦〟を演じておりました。現場は重厚で緊張感あふれる、ちょっとお芝居がやりづらい空気だったそうですが……。

そして、またもや中村主水を演じる機会がめぐってきます。

「はい、仕事がすみましたら、すぐに……」

新体制の続編『必殺仕事人2009』は、『必殺仕事人　激突！』以来17年ぶりとなる連続ドラマとなりました。しかし父は死線をさまよった手術後の復帰作であり、もはや以前のような体力は残されていませんでした。

それでも中村主水がいなければ『必殺』は成立しない——そんな矜持とともに箕面から太秦の撮影所に通っていました。現場では限られた力を振り絞って、なんとかやっていましたが、自宅に帰ると視点が合わないほど心ここにあらずの状態でした。もう精も根も尽き果てて……抜け殻のような父の姿を見るのは、つらかったですね。

娘の立場としては撮影に行ってほしくない、でも役者としては行かせてお芝居をさせたい。そんな矛盾した気持ちを抱えていました。やはり父の生きがいは現場だったと思うんです。変わらずキャストのみなさんとの関係は良好で、父は最年少の大倉忠義さんにとても期待をかけていました。

それだけに中盤で大倉さんの源太が殺され、レギュラー降板と知ったときは、もう本当に激怒して……ちょうど家族で豊中の中華料理屋さんにいたのですが「これからやないか！あいつ降ろすんやったら俺が降りる！」と、電話の向こうに怒り狂っていました。テレビ局や大倉さんの所属事務所のお考えもあるでしょうから、ずいぶん周囲を困らせてしまったと思います。そういうところ、父は一度言い出すと、もう止めることができない人なんです。

父が亡くなったあとも「あんな、ひとりだけな、どうしようもなく会いたいって言ってるやつがおるねん」と石原監督からお電話をいただきました。それが大倉さんで「会いたい気持ちはあんねんけど、どうしても行けない……本人も歯がゆくて、しゃあないんやけどな」というお話でした。大倉さんが父の思い出を語ってくださっているのをテレビで何度も拝見したことがありますし、本当に心ある方です。

亡くなった直後、石原監督は父の顔を見にきてくださいました。きっと父ならまず監督に会いたいだろうと思い、連絡を差し上げたのです。お忙しいなか最後のお別れに駆けつけてくださって、家族全員涙が止まりませんでした。父と必殺シリーズを作り続けた盟友・石原興監督にあらためて感謝申し上げます。


『必殺仕事人２００９』最終回のサブタイトルは「最後の大仕事!!」。さまざまな殺し文句とともに悪人を始末してきた主水さんですが、

「はい、仕事がすみましたら、すぐに……」

そう言った直後に脇差でブスリ！　これが藤田まことの中村主水最後の〝仕事〟となりました。40歳から76歳まで演じた殺し屋の凄みとユーモラスな持ち味……それはもう唯一無二の、誰にも真似できない芸当だったと思います。自宅で『必殺仕事人２０１０』の台本を読みながら〝次〟を待ち望んでいた父の姿がいまも目に浮かんでしまいます。

藤田まことを偲ぶ

和久井映見

いつも穏やかに、にこやかに

ひさしぶりのシリーズ復活となった『必殺仕事人2007』で花御殿のお菊を演じた和久井映見は姐御肌のキャラクターとして、藤田まことの中村主水とユーモラスなやり取りを繰り広げた。『必殺仕事人2009』でも共演した和久井が撮影所の日々を振り返る。

いい意味で〝いちばん緊張する現場〟

『必殺仕事人2007』で、わたしにとって最初の撮影のころ……京都の松竹さんのオープンセットでの出来事でした。お菊の出番の前からもう撮影は始まっていて、わたしも支度を終えて途中から現場に入ったのですが、そこにスタッフのみなさん用のモニターが置いてあり、「いまはどのカットを撮っているのかな？」と思って、そのモニターを拝見したら、ちょうど藤田さんがオープンセットをおひとりで歩かれる場面だったんです。

わたしは『必殺』を見て育ってきた世代なので、モニターの中に〝八丁堀〟、中村主水さんがいらっしゃる世界が今まさにそこにあることに「わぁ……本物だ……本物なんだ」と、心が震える思いでした。

『必殺』という歴史あるシリーズに自分を加えていただくことは、大変うれしくてしあわせなことですけれど、それと同時にそのカットを見た瞬間「あ……これは本当のことである」と実感しました。スタッフのみなさんもずっと『必殺』を作ってこられた方々だとうかがっていたので、その責任の大きさをひしひしと感じました。その最初のころの思いは今でも自分のなかにずっとあります。

わたしはどの仕事場に行っても緊張してしまい、慣れるまで少し時間がかかるタイプなのですが、『必殺』の現場においては何度行っても変わることなく緊張します。京都で撮影をして、東京に戻り、また台本が届いて京都に行く……その繰り返しがどれだけ続いても変わることはありません。

現場のみなさんはとっても温かくて、台本が届くと「うれしい!」という思いと同時に、気持ちがピシッと緊張します。それはずっと変わらずに、いい意味で〝いちばん緊張する現場〟ではあります。

八丁堀はちょっと旅に出ているだけ

八丁堀とお菊の共演シーンが多いなかで、わたしにとって藤田さんは手の届かない存在すぎて、やっぱり緊張していました。ワンカット、ワンカット、その場面をわたしでNGに、ダメにしてはいけないと思って……でも藤田さんはいつも穏やかで。スタッフのみなさんの作業に集中されているピシッとしたお顔と、藤田さんのお近くで楽しそうにしていらっしゃる監督と（笑）。

石原（興）監督は、いつも楽しそうなんです。その光景がすごく記憶にあって。わたしはもう藤田さんを直視することもできないので、お芝居のなかでちゃんとかけ合いをしなきゃいけないのに、目を合わせることも難しい、そんな状況で。目の前のことに一生懸命でした。

撮影の合間も藤田さんはいつも穏やかに、にこやかに座っていてくださって……わたしはお話をする余裕もなく、近くにいただけなのですが、藤田さんと監督が楽しそうにされているのをいつも拝見していました。それから、差し入れで藤田さんから塩昆布をいただいたことがあって、わたしたちのことを気にかけていただいているのがとてもありがたかったです。

お体があまりよくない状況でいらしたかもしれないときでも、その気配を見せることもなく、いつもの藤田さんのままで……と、意識してくださっていたのではないかと思います。

藤田さんが亡くなられたということは、とても寂しくて、なんとも言いようのない気持ちになります。でも、作品のなかでは八丁堀は死んでしまったのではなく、ちょっと旅に出ているので……。ですから、わたしの心のなかでもその思いでいます。

はい。八丁堀はちょっと旅に出ているだけなので……と思って。絶対どこかで見てくださっているはずなので。現場のみなさんのこと、『必殺』のことを。

「仕事だよ」というセリフに込めた思い

現場ではワンカット、ワンカットのためにスタッフのみなさんが作業に集中されていて、ときにはハリのある大きな声が飛び交っていますが、それがすごく楽しそうだったりもして（笑）。『必殺』の現場に入って、みなさんの仕事に対する集中と活気ある笑顔が飛び交う空間にいると、緊張しつつも「うふふっ」とうれしかったりします。その根っこには藤田さんの存在があるのだと思います。

仕事人が集まるアジトのシーンでは、お菊が殺す相手の名前を挙げながらお金を配る……そのときのわたしの位置は〝八丁堀のすぐそばに〟ということが多かったんですね。ですから、藤田さんがそこにいらっしゃらなくても、やはり藤田さんの存在を感じるといいますか……それもわたしの心のなかにずっと変わらずにあります。

アジトのセットは暗がりになっていて、わたしたちがいる場所に対して、カメラはずーっと遠くのほうから撮影していることが多く、長回しで撮ることもあるので、そこでセリフの多いお菊としては、藤田さんやみなさんにご迷惑がかからないか……やっぱり緊張します。

わたしが初めてお菊を演じたのは37歳のころ。演じている自分を画面で見たときに「あぁ、貫禄が足りない」と反省しました。『必殺』というシリーズにある〝重み〟……人の命にかかわることの重み、つらさ、しんどさ、尊さ、いろいろなものの重みが足りず、藤田さんとの、八丁堀とのフラットなやり取りでも、どうしたら大人の女としてそこに存在できるのか、とても悩みました。

アジトのシーンでは「仕事だよ」というセリフも出てきます。人の命がかかっているし、悲しい事件が起きてしまって、だからこそ仕事人の出番になる……そんな世知辛い世の中に対して、あきらめも心に持ちつつ、それでも前に進むことを意識して。ちょっと明るく話すこともありますし、どんなふうにセリフを言ったらいいのか、いつも悩んでいました。

「仕事だよ」という一言に、そういうさまざまなものが出ているといいなぁと思います。

いつも藤田さんの存在を感じ、気持ちがシャンとしました

記録の（野崎）八重子さんや演技事務の山緑（美春）さんのような女性スタッフの方もたくさんいらして、京都の撮影所のみなさんとご一緒できるのが毎回とてもうれしくて……と同時に「いつでもそこに入っていくことができる自分でいなければいけないんだぞ」という気持ちになります。

支度をするために衣裳さん、結髪さん、メイクさんのお部屋と控え室を行ったりきたりしながら、自分の部屋のすぐ近くに藤田さんのお部屋があるときは、撮影でお会いすることがない日でも「あ、

藤田さんのお部屋だぞ！」と、いつも藤田さんの存在を感じ、気持ちがシャンとしました。

木田（文雄）さんという衣裳の方がいらして、シリーズの途中でお亡くなりになったのですが、やはり木田さんの存在を感じます。お菊の衣裳もこだわってくださったもので、普段生活しているときの着物、アジトにいるときの着物、それぞれに違いがあって、アジトのほうは黒とクリームベージュのような色の帯を前で斜めに合わせて……というふうに。

最初のころからずっと使っていただいている帯なので、少しずつほころびも出てきたりする月日の流れがありますが、木田さんが亡くなられたあとも、衣裳のみなさんが大切にきれいに直してくださって、ずっと同じものを使っていただいています。

物語の中身はさまざまに変化していきますが、お菊の姿になると、最初からのもの、続いているもの、〝変わらないもの〟がそこにあるということを実感しますね。

いつもわたしが勝手に緊張していたので、藤田さんと「もっとたくさんお話をさせていただけていたらよかった……」と、今とても思います。やはり思い出すのは、いつも変わらずに八丁堀として現場にいらしてくださった藤田さんのお姿です。

藤田まことを偲ぶ

大倉忠義

お客さんを感じることを第一に

『必殺仕事人２００７』でからくり屋の源太を演じた大倉忠義は、若手の仕事人役として藤田まことの薫陶を受けた最後のひとりである。『必殺仕事人２００９』でも共演を果たし、第11話「仕事人、死す!!」で惜しくも降板となった大倉と藤田の、知られざる秘話が明かされる——。

「大倉くん、ええで！」

藤田まことさんと初めてお会いしたのは、『必殺仕事人２００７』でレギュラーが勢ぞろいするシーンでした。まだドラマ経験の少ない自分が長いセリフを言わなきゃいけないということに緊張があり、演技そのものにも迷いがあった時期だったんです。

ワンカット目はみなさんまだ現場に来られてなくて、源太のカットだけ撮ってたんですが、その映像を藤田さんがチェックしてくださって、「大倉くん、ええで！」と。「君にはカメラの向こうのお客さんが見えてる。大丈夫や」ということを仰ってくれたんです。

そのときは正直ピンときてなかったんですが、藤田さんに「大丈夫や」と声をかけていただいて、そこからの撮影はちゃんと自信を持ってやらなきゃなと決心することができました。

それが最初の出会いで、そのとき「中村主水って知ってるかぁ？」と聞かれて……「いや、すみません。知らないです」って正直に答えたんです（笑）。そんな失礼なことを松竹の撮影所のみなさんの前で言ってしまって、「知らんてよ～！」って全員ガハハと笑ってらっしゃった思い出がありますね。そこから一緒のシーンをいくつも撮らせていただいたんですけど、連続ドラマの『必殺仕事人２００９』になると藤田さんの体調が悪くなられていて……仕事人が集まるアジトのシーンでご一緒するくらいでした。でも、ひとつひとつのお芝居を見逃しちゃいけないなと思って、じっと藤田さんの姿を見てましたね。

『２００９』の早い段階で、ぼくの源太が11話目で退くというのが決まって、藤田さんがそれを知ったとき、ものすごく怒ったそうなんです。「まだこれからやないか！」と。直接ではないんですが、石原（興）監督から「もう、おとうさん大変やったよ」と聞きました。「大倉をやめさすんやったら俺もやめる！」という騒動になったらしくて、それを知って、すごくうれしかったですね。

自分自身も悔しかったし、「やっぱりあかんかったんや……」という思いが強くなっちゃって。もちろん自分のなかでも、お芝居が上手くできないことへの焦りがあり、事務所の先輩からも「リアルが足りない」「もっとこういうふうに」など、いろいろとアドバイスをいただいていたんです。ただ、藤田さんから「こうしたらええんちゃうか」と言われたことは一切なかったです。ストレートに自分のセリフを受けてくださる感じでした。

でも、なんだろう……一言一言がしびれるんですよ。殺しのセリフにしてもそうですね。それから、ぼくは劇中で「源太」という名前を中村主水から呼ばれることがなかったんですが、そろそろ終わりかなという回で「源太」と言ってもらえたのもワーッと、もうしびれるような体験でした。

まだ20代前半でしたし、藤田さんの演技を間近で見させてもらっても、すぐ真似できるようなものではありません。けれど、歴史ある『必殺』というシリーズの一端に自分も源太として存在することができて光栄でした。もっと長くやりたかったですね。

藤田さんからのプレゼント

源太の最後のシーンが終わったとき、もう夜遅かったんですけど、打ち上げをスタッフさんが開いてくださって、いちばん最初の挨拶が藤田さんだったんです。「彼が本当の仕事人や！」という一言で、本当に感激しました。「今後もええご縁を作って、芝居を続けていってくれな」と言われたこともあって、その言葉は自分にとってずっと支えになってますね。

クランクアップのプレゼントとして藤田さんからはパーカーをいただいて、いまでも大事に取ってあります。そのあと稚拙ではあるんですが、お礼のお手紙を書かせていただいて撮影所で直接お渡ししたんです。もう自分の出番はないけれど、隅っこで現場を見学させてもらいました。

藤田さんから直接教わったことではありませんが、やっぱり最初にいただいた「君にはカメラの向こうのお客さんが見えてる」という言葉……これは想像でしかないんですが、藤田さんも舞台にたくさん出られているので、お客さんを感じながら演じていたのだと思います。

いまだにテレビのバラエティに出ても、ドラマや映画でお芝居していても、舞台に立つ感覚で仕事をさせてもらっています。さまざまな現場で、それぞれ自分が学べるものも違いますし、経験値を積みながら「もっと上手くなりたいな」と思いますが、近くで誰かに見てもらっていること、お客さんを感じることを第一に意識していますね。

『必殺』の現場、独特の空気感

ぼくは関西出身で、初めて長く撮影させてもらったドラマの現場が京都からなんです。よく東京から来られた出演者の方が「すごい現場だね」と仰るんですけど、元気な関西のおっちゃんたちがワーワー言うてる現場に違和感がなかった。

たしかに言葉は乱暴だし、それが喧嘩に見えるようなこともあるんでしょうけど、ぜんぜん平気でした。自分にとってはアットホームで、とても温かい現場だったんです。石原監督だけじゃなく、照明の林（利夫）さんや録音の中路（豊隆）さんも「ちゃうやろ！」とお芝居に口を出してくる。たとえば監督からの指示が終わった瞬間、林さんにモニターの前に連れていかれて「あんたな、自分のお芝居を見なさい」。でも、そうやって教えてくださるなんて普通しないじゃないですか、面倒くさくて。

だから〝愛〟がある現場ですよ。出番がないときも中路さんがいる録音部のベースにいて、「君の声は芯がないんや」とか「もっと深みがある声を出さなあかんな」とか、いろいろと教えてくださいました。

『必殺』はすごく画がきれいですし、照明や撮り方も凝ってる。監督はモニターを見ずに指示するんですよ。「もっと胸から上、撮っとけ」とか「頭切れよ」と仰りながらカメラの横にいはるから、ちゃんと画がわかってはんねやなと思います。

それから気持ちを入れて泣くようなシーンでも監督が「大倉くん、まだや、まだや！」（笑）。普通は泣くお芝居の撮影って静かにして、みんな声出さないんですけど、「まだや、まだや！」というのが、すごい現場だなと思いました。

やっぱり独特ですよね。その後いろいろな現場を経験させてもらって実感しました。それからも松竹の撮影所にはちょこちょこ遊びにいかしてもらっていて、ずっと変わらないあの空気感がすごくうれしいですね。

あのときの「悔しさ」をバネにがんばって

先ほどもお話ししましたが、源太の死への悔しさはめちゃくちゃありました。作品として成績を残さなきゃいけないプロデューサーの方々の気持ちが今となってはわかりますけど、藤田さんが仰ってくれた「これからやないか！」という気持ちが自分にもあったので、もっと長くやりたかった。

過去のシリーズをいろいろ見させていただくと、それこそ『必殺』って新人の方がレギュラー入りして、だんだん一人前の仕事人になっていく流れがあったので、勝手に期待していたんです。もっと成長したかったし、撮影所のプロフェッショナルのみなさんに学びたかった。殺しのパターンも進化していったので、悔しかった……でもあのときの「悔しい」という思いがあったからこそ、ここまでがんばってこられた部分もあるので、結果的には感謝ですよね。

源太が殺されるシーンは一日中かかって、なかなかできない経験でした。それから、これは監督の愛だと思うんですけど、最後に火葬されるシーンで目が開くことになったんです。

視聴者の方々は「なんで!?」とびっくりしたと思うんですが、目が開いたということは死んでないかもしらんやん、双子の弟が現れるのもありやん、と石原監督が仰ってくださったのも自分にとって救いでした。この2年ほどお会いできていませんが、それまでちょこちょこ監督とはお会いしてて、やり取りも続いてるんです。まだまだお元気で、うれしいですね。

「また戻ってきてくれな」と言われましたし、撮影所の前にあるスマートという喫茶店のマスターも「あんたが主役として戻ってくるまでコーヒー送り続けたるわ」と、もう15年くらい本当に毎月送ってくださってるんですよ。まだ戻れてないので、いつかその約束を果たさなければならないと思っています。

藤田まことさんからいただいた「大丈夫や」という言葉は、あらためて忘れることができません。こうやって藤田さんの思い出をお話しさせていただくと……これからもがんばらなければと身が引き締まりますね。

コラム

入院中に結婚報告のサプライズ

父の入院中の出来事ですが、事務所のマネージャーを務めていた小林敬くんと付き人だった〝ミヤちゃん〟こと宮尻佳子さんが結婚の報告に来られたことがありました。

仕事だけでなく、ハワイに旅行するときも小林くんとミヤちゃんは必ず帯同してくださっていたのですが、まさかそのふたりが結ばれるなんて……父も驚いておりました。

「生臭坊主やけど、俺が死んだらお経をあげてくれな」

父がよく小林くんに言っていた言葉で、亡くなったあと本当に枕経をあげてくださったんです。小林くんは現在、丹後のお寺さんで立派に住職をされています。ミヤちゃんとの間にお子さんも生まれて、うれしいご縁です。

いろんな番頭やマネージャー、お付きの方がいましたが、父が心を許していた人物といえば、にゃんにゃん（西村正）、小林くん、それから山本優さんですね。志のある方ばかりで、みなさん父に尽くしてくれました。

着物の即売会など〝営業〟の仕事でお世話になったプロダクションケンケンの中西賢治さんも父が亡くなるとき病院に駆けつけてくださいました。ケンケンさんは長門裕之さんと南田洋子さんのお付きをしていたことがあり、わたしも子供のころ南田さんから「お泊まりにいらっしゃい」と言われて、弟と一緒に南田さんのホテルに1泊させていただいたことがありました。

舞台のときは、みんなで同じ釜のめしを食べるのですが、そのごはんを作ってくださった女優さんが山口京子さん。山京さんは父だけでなく座組のみんなのために賄《まかな》いを作って、わたしも手伝っていました。

公演中は〝雑用《ぞうよ》〟といって食事代が支給されるんですけど、それを使うとお金が減ってしまう。ですから父がカンパして、豚汁やカレー、お鍋を作って、みんなで毎日食べておりました。

さまざまな共演者の方々にお話をうかがった本書『藤田まこと　修芸生涯』ですが、最後に父の側近として晩年まで面倒を見てくださった優さんに、その思い出を語っていただこうと思います――。

ファミリーが見た藤田まこと

山本優

この命を捧げようという気持ちで

晩年の藤田まことを支え、家族同様の付き合いをしてきたのが俳優兼マネージャーの山本優である。出会いは舞台の斬られ役、やがて付き人としてスカウトされて公私ともに藤田を護る役目を果たした。「ボス」と呼ぶことを許された最後の側近が、その素顔や入院生活を初めて明かす。

「よし！　全部教えたる」

藤田まこと先生とのお付き合いは、亡くなられるまでの約20年になります。たまたま別ルートで新宿コマ劇場の『必殺仕事人』に斬られ役として出させてもらいまして、それが出会いでした。

先生はすごく肩こりだったんですね。で、わたしはたまたま武道の流れで整体の心得がありまして、それが漏れ伝わって「ちょっとやってくれねえか」ということで、楽屋に呼ばれるようになりました。だから最初から弟子やお付きというかたちではなく、そういう方は何人もいらっしゃったんですが、休憩中に体を揉んで整えて……一対一で静かなところにいると、ポツポツお話をされるじゃないですか。そんな環境で、また次の舞台のときもお声がけいただきました。

出会って1～2年だと思うんですが、たまたまお付きの方がやめるということで、先生からオファーをいただきました。で、「なにもわかりませんけど、よろしくお願いします」と申しましたら、先生が「よし！　全部教えたる」と、本当にいろいろなことを教えてもらいましたね。

まず思い出すのは、気配り、気遣いのすごさです。みんなをサプライズでよろこばせたい、そんないたずら心がチラリと見える方でした。舞台が終わったら、いきなり30～40人を連れて焼肉屋に行ったり、そういう大人数での食事が本当に多かった……東京に限らず、大阪や名古屋でも同じです。

舞台の中日になると楽屋の廊下にお寿司屋さんが開店するんです。銀座の鮨辰巳の板さんが道具を持ち込んで、パッと好きなネタを握ってくれる。びっくりしましたね。京都では牧場園《モッチャンウォン》という韓国焼肉のお店が定番でした。気前がよくて、座組の役者さんの舞台に出演したときも「俺への払いはな、札がポンと立つくらいでないとあかんのや」と、決してギャラを受け取りませんでした。

留守番電話もおもしろいんですよ

先生から教わったのは、やっぱり〝男〟ですかね。器の大きさという男の部分がいちばんです。お芝居については、もうすごいのが当たり前じゃないですか。いつも舞台の袖で見て、それを盗んで……という気持ちもありましたが、いつの間にかすっ飛んでましたね。

そんなことじゃないなと。役者をやりつつ、後半は付き人ではなく名目上はオフィス斉藤のマネージャーという肩書きになっていたので、両方を兼ねていたんです。

『はぐれ刑事純情派』でも役をいただいて、いちばん印象に残ってるのは悪役ですね。歴代のレギュラー刑事が4人殉職していますが、そのうちの2人までをわたしが殺して、スペシャルではケイン・コスギさんを刺す役でした。これが最初の殉職で、そのあと国広富之さんもグサッと。

それから『京都殺人案内』で、たまたまレギュラーの刑事役の役者さんが抜けることになりまして「優ちゃん、やれよ」。先生の推薦で、新しく入ることができました。

なにせ最初に役者をやりたいと思ったきっかけが刑事役だったんですよ。それが念願で、初めて夢が叶ったのが『京都殺人案内』、25作目から最後の32作目まで毎回使っていただきました。京都府警の山田刑事という役です。わたしは先生の側にいるとき、おねだり的なことは一切言わないと決めていました。だから刑事役をいただいたときは、本当にうれしかったですね。

先生の舞台には泣き笑いの作品がいっぱいありますが、普段もそうなんです。過去の苦労が話芸として完成されていて、笑いのツボも毎回同じ。それから留守番電話もおもしろいんですよ。

「埼玉県民に告ぐ。東京は、ただの集合体の組織にすぎない。大阪は文化の街である。人間が生きていくうえで、大阪という場所は最高の場所であると思う。東京の街はただの街。大阪は文化の街。これからの君の人生も、大阪で過ごすと、もっとすばらしいものになると思う………と、ある学者が言っております。おわかりになりませんか。カス」

そういうメッセージが入っていたことがあって、昭和天皇の玉音放送みたいな口調で、後ろにいる家族のみなさんの笑い声も入っていました。「埼玉県民に告ぐ……」、あれはおもしろかったですね。最後の「カス」も関西人らしくて（笑）。

形見にいただいたのは〝髭剃り〟

思い起こせば、いちばん最初に調子が悪いのをご自覚されたのが2007年、『佐々木夫妻の仁義なき戦い』というドラマの現場でした。珍しくTBSのお仕事で主役が稲垣吾郎さんと小雪さん、先生はトメというかたちで入られていたんです。やっぱり主役中心にシーンを撮るじゃないですか。緑山スタジオなのですが、待ち時間がかなり長いんですよ。

いつもの現場なら真っ先に先生を撮るのに、そこで待たされるのがストレスになっていたのかもしれません。楽屋での食事中にトイレに入られた。戻ってきたら顔色が真っ白で……そのあと病院で検査を受けましたが、とくに異常がなくてホッとしていたんです。でも、けっきょく年明けから体調を崩してしまい、手術となりました。

阪大に入院されたときは「もう除夜の鐘は聞かれないかもしれない」という状況で、目の前が真っ暗になりました。そして、お側にいられる以上ずっとやろうと思いました。それから病気のことをボスに言えなかったのもつらかった……。

入院中は、どんどん髭が生えてきて威厳がものすごいんです。重篤なのにアンソニー・クインみたいになっていく。常に小さなシルバーの鏡を持っていて、やはり病人の顔にならないよう確認していたんでしょうか。役者としてのプロ意識だったと思います。

わたしが先生から形見にいただいたのは〝髭剃り〟なんです。ずっと病院で使ってらっしゃった髭剃りで、まだ中には髭が入っています。生前は高価な服や靴をたくさんいただきました。「優さん、これどうや」と。ありがたいことに、身長も靴のサイズも一緒なんです。物への執着がない、潔い方でした。ただし、ひとつだけあって、最後まで財布の中に入れていたのがお孫さん、花りなちゃんの写真でした。そのこだわりは、ものすごく大事にしていましたね。

相田みつを先生の「点数」という詩に曲を

千里リハビリテーション病院では、ご家族とともに寝泊まりさせていただきました。とくに初日って心配じゃないですか。ナースコールが間に合わないこともあると思って、先生とわたしの手を紐で繋いで、その先に鈴を付けたんです。

「なにかあったら、これを引っ張ってください」。わたしは隣の部屋で寝てるのですが、扉を半開きにしておいて長い紐を通しました。

その前は2ヶ月、阪大のICUで寝たきりでしたから、もう自由に動くことができない。まず立てないので、ベッドから立つ練習をよくやりました。リハビリも最初は嫌がって、でも誤嚥しないように「フー」ってするリハビリだけはがんばられてましたね。声に直結する部分ですから。

歩行のリハビリでも、まず1歩だけ歩けるようになって、それでもうみんなよろこんでるのですが、先生は「もうええわ」(笑)。それが2歩、3歩となって、今度は廊下に出られるようになって、だんだん距離が延びてきて。そのうち「今度は外に出る」と仰られるようになったんです。

それから印象的なのは相田みつを先生の「点数」という詩に曲をつけさせてくれたんですよ。わたしが作曲をやっていたのを知っていて、「これな、短いけど、つけてみ」と。

本当に短い詩なので、前奏なども作って曲にしたんです。その「点数」をNHKの『ふたりのビッグショー』に出られたとき、先生が歌ってくれたんですよ。普段ならわたしは袖で本番を見る立場ですが、ちゃんと客席のセンターの席を取っておいてくださり、隣にいるのは相田先生のご子息です。そして新曲コーナーで「点数」を歌ってくれて、もうボロボロに泣きました。

そういうところも人の心をわしづかみにしてくれるんです。もう命をかけさせるような気遣いで、しかもさりげなく、あざとくなく。それと、すごく洒落っ気がありました。入院中、お小水のときも看護婦さんではなく、わたしと敬子さんの旦那さんが担当してたんですが、そのお礼として、のし袋をいただいて……そこにはカタカナで「チン、ワレノモノニアラズ　サンニンノモノナリ　フジタ」と書いてありました（笑）。

「これからはボスと呼びなさい」

みんな藤田さんのことを「先生」と呼んで、わたしもそうでした。ある日、病院での夕食で、ご家族そろって好物のすき焼きを食べていたとき、いつものように先生とお呼びしたら「これからはボスと呼びなさい」と言われたんです。

びっくりしました。なぜなら「ボス」と呼べる方は息子の知樹さんと敬子さんの旦那さんしかいなかったから。そしたら奥さまが「よかったわね。家族って認めてくれたんだよ」と言ってくださって、いや……もう感動しました。

リハビリを嫌がった話をしましたが、とくに表情筋が落ちるんですよ。長く使ってないと上手く動かない。だから「いー」とか「あー」とか、専属の理学療法士の方がトレーニングするんですけれども、それが嫌いで……リハビリというより「いー」とか指示されるのが苦手なんでしょうね。

で、わたしなりに考えて「音楽療法があるな」と思ったんです。顔を動かすなら「いー」とか「あー」ではなく、歌を歌ったほうがいいんじゃないかなと思って相談したら、理事長さんがカラオケの機械を買ってくれて、専用の部屋まで用意して……音楽療法はよろこんでやってくれましたね。

それをきっかけに病院で〝藤田まことショー〟を開催して……敬子さんには怒られましたが、旧知の音響さんまでお声がけして、レストランでやったんです。

公開リハビリとして、歌っている間も理学療法士さんが隣にいて、苦しくなったら管をつける……それもショーの一部として隠すことなく、やっていました。それこそ「シークレットライブ」というタイトルでしたね、お世話になった方々へのお礼として。

退院後、復帰の際も本当にいろんなことがあったんです。『必殺仕事人２００９』では常に管から酸素ボンベを通さなきゃいけない状態で、そうすると、どうしても顔に跡がうっすら付いてしまう。それを見せたくないので、チューブの上に綿を巻いてクッションになるよう工夫していました。

まさに役者魂ですよ。大阪から京都まで、わたしが運転して、後ろの席でずっと酸素ボンベを付けて、到着間際に外して撮影所に入る……後半はもう常にリュックに酸素のボンベを入れて背負って、新幹線に乗るときも用意していました。「義理のある方のところに顔を出したい」ということで、四国の高松でショーの仕事をしたこともあって、それがまた必死の珍道中でした。

なかなか食事もできないので、普段は栄養補給のドリンクを飲んでいました。最後の『京都殺人案内32』の撮影では、そんな状態なのに地方ロケ恒例の宴会に参加されて……本当に細やかな気遣いとプロ根性の持ち主でした。

わたしの悲願としては、ボスの晩年を「藤田まこと物語」として映像化してもらいたいんですよ。周囲の方々もキャラクターが立っていて、絶対おもしろくなると思います。

〝巧遅は拙速に如かず〟

病院でのリハビリ中に『必殺仕事人２００９』のお話がきて、正直かなり悩まれていました。まだちゃんと歩けないころで、ただし「ここをメドにする」という目標があればリハビリも熱の入れ方が変わるんじゃないかと思って、「ボス、なんとかなるんじゃないですか」と言わせていただきました。

それで立ち回りの稽古をすることになって、リビングのテーブルを全部寄せて空間を作って、木刀を手に「斬り込んできてください」と。実際の撮影では細川（純一）さんが吹替をされているのですが、ふらつかないようにという体づくりのトレーニングでしたね。

もともと野球をやられてましたし、現役時代の運動神経はバリバリでした。こう、グッと腰を落としての殺陣で、刀の重みの表現がぜんぜん違うんです。それから「逃げ足だけは速い」と（笑）。

わりとゲンを担ぐ方で、運の悪い人を避けるところもありましたね。〝巧遅は拙速に如かず〟という言葉があって、すごく体に染みついてるんですが「遅いことは猫でもできるんや。すぐパッとやれ」と、よく言われました。とにかく未完成でもいいから、まずやるということを叩き込まれましたね。そういう〝段取り〟にはうるさかった。

わたしは当時……現在もそうですが、身辺警護のSPの仕事をやっていて、さまざまな要人の方に付いていたのですが、やっぱり段取りが重要なんですよ。とにかくパパッと準備しておく大事さを教わりました。病院でもご家族に「段取り！」「引き継ぎ！」って言ってましたね。

撮影の現場でも段取りが悪いと、ちょっとイラッとしてました（笑）。そういう顔はスタッフさんには見せないですけど、気心の知れた身内にはね。だから『佐々木夫妻の仁義なき戦い』の緑山スタジオの現場は……いつものファミリーじゃないし、フィルムとVTRのマルチカメラでは現場の雰囲

気も違いますから、そういうストレスもあったと思います。ずっと主役を張られてきて、当然わがまま
まっちゃわがままな部分もありましたが、でも絶対に憎めないボスでした。

リハビリ中の日課と「最期」

リハビリの入院中、必ず日課がありました。まずボスの部屋に入ったらカーテンを開けて、晴れでも雨でも「ボス、おはようございます！」と、できるだけ明るく挨拶をする。

そこから始まって、まずは洗顔です。熱いお湯におしぼりを浸けて、お顔を拭いて、髭を剃る。最後にお風呂に入っていただいて、ボスの体をゴシゴシ洗うんですが、その前にお湯に必ず入浴剤を入れるんです。いろんな温泉の素《もと》があって「ボス、今日は湯布院のお湯でございます」とか「ボス、今日は草津のお湯でございます」とか、それが毎日の儀式でした。

亡くなられたあと、お寺で〝湯灌《ゆかん》の儀〟があって、お湯を流すじゃないですか……そのときは「ボス、今日は最後の……極楽のお湯でございます」とお伝えしました。亡くなられた前日の2月16日、わたしは東京にいたんです。たまたまそっちで用事がありまして。

夜、敬子さんからの電話で「優さん、パパさんが倒れた！」。ちょうど自宅で晩酌でもしようかな

と思っていたときで、女房と子供に「これから大阪に行ってくる！」と、高速を飛ばしました。その間も敬子さんや絵美子さんと電話で「どうですか⁉」「いや、あかん」「待っててください‼」、そんなやり取りをしながら、なんとか到着して。普通だったら、身内しか入れないＩＣＵだったんですけど、敬子さんが中に入れてくれて、本当に家族だけだったんですよ。もう意識はないんですが、でも、まだ……間に合って、輸血をしている最中でした。お顔を見たら耳のところに血がフッと……あぁ……これは……と思いましたが。

そして「最期」が7時25分でした。

意識のなかでは藤田まことのＳＰでした

亡くなられて、ご自宅に戻ったとき、もうマスコミがいたんですよ。どこから漏れたのか速報で流れたらしくて、ちょっとマズいなと思って。お寺に移したときも当然いて、ほかに誰も矢面に立てる人間がいなかったので、取材陣の前に出て「すみませんけど、ご近所の迷惑になりますし、静かにしていただけますか。今日はなにもやりません。どなたも来ませんので」と、カメラのフラッシュとビデオカメラの赤いランプに取り囲まれました。

「後日、あらためて〝藤田まことを偲ぶ会〟みたいなかたちを取らさせてもらいますので、今日は原田眞としてそっとしておいてください」と、ご説明したんです。事務所の社長もいないので、もう自分がやるしかありませんでした。

役者兼マネージャーでしたが、わたしの意識のなかでは藤田まことのSPでした。もともと空手や普通の武術をやってたんですけど、30代のころイスラエルに行って〝クラヴ・マガ〟という軍隊格闘術を覚えて、爆発物の処理もふくめて軍の機関で訓練を受けて、日本に帰ってきたんです。

もう常に護る。いろんな意味で護る。ボスにこの命を捧げようという気持ちでいたので、だから、亡くなられたときは頭が真っ白になりました。すべて、なにもなくなっちゃって……敬子さんの顔を見ても涙しか出てこないし、ずっと泣いてましたね。

自分自身は、それで役者もやめたんですよ。ボスがいなくなって、スパッと未練なく……燃え尽きちゃって、要人警護と武術の道に専念しました。藤田まことという役者の人生に関わらせていただいて、それはもう自分の人生の誇りですし、大切にしたいなと思っていますし、満足してますね。

いい意味で人たらしで、本当に男が惚れる男ですよ。役柄からは、なかなかイメージがわかないかもしれないんですけど、実像は義理人情を大事にする方でした。自分の悲願として、そういう内側も伝えたいなと思っています。お茶目で、怖くて、優しくて……最高の「ボス」でした。

第12章
役者人生最後の花道

悲願だった「藤田まことを偲ぶ会」開催

藤田まことが亡くなったあと、お通夜のときから異変がありました。

本当に情けなく、悔しい話なのですが、思いもよらぬまさかの出来事があり、記者会見を開くこともできなかった。マスコミの対応は優さんが行い、わたしたち家族を守ってくれました。

四十九日の法要のときも、身内だけの式にもかかわらず来るべき方々が姿を現さなかった。生前あれほど父を頼っていた方から信じられないような対応も受けました。そういう〝壁〟を作った人間がいたのです。

「金の切れ目が縁の切れ目」――父も予測していましたし、呆れているのではないでしょうか。本当にそのとおりで離れていく方もいました。だからこそ、わたしは「藤田まことを偲ぶ会」をやり遂げたかった。みなさまの前で母にご挨拶をしてもらいたかった。身内として、娘としてのプライドで、ただただそれしか考えていなかったですね。

「そんなことはできない」と反対する方もいました。表向き病気が回復したときも、父は復帰祝いのパーティを望んでいたのです。でも、その願いは果たせなかった。聞く耳を持ってもらえなかった。本当に悔しかったです。

いったんゼロになってしまい、偲ぶ会を開きたいと考えても、どこから手をつけていいのかわからない……途方に暮れていたところに京本政樹さんから連絡をいただきました。

「敬子ちゃん、大丈夫か？」

もう本当にひさしぶりのお電話でした。「じつは……」と京本さんにご相談したら朝日放送OBの松本明監督を紹介していただき、松本監督から朝日放送の副社長へ。そのような流れで少しずつプロジェクトが進んでいきました。

「あんな娘になにができるんだ」という声もありましたが、もう必死だったので株式会社藤田まこと企画の設立とともに奔走しました。父と親しかったある政治家の先生もお力を貸してくださって、まとめていくことができたんです。

その先生は母の故郷と縁が深く、父が入院した際もプライベートでお見舞いにきてくださり、お通夜のときも後援会長の春次賢太朗先生とともに駆けつけてくださいました。お名前を出すのは憚《はばか》られますが、あらためて御礼を申し上げます。

そして２０１１年11月24日、東京国際フォーラムで「藤田まことを偲ぶ会　役者人生最後の花道」が開催されました。父が亡くなって１年９ヶ月……本来は父の誕生日の４月13日を予定していたのですが、東日本大震災のために延期となり、ようやく悲願の幕開けでした。６００人以上の方々にお集まりいただきました。まずは発起人の方々を敬称略・五十音順、当時の肩書で紹介させていただきます。

石原慎太郎（東京都知事）
井戸敏三（兵庫県知事）
榎本善紀（京楽産業・株式会社代表取締役社長）
黒柳徹子（女優・ユニセフ親善大使）
塩川正十郎（元財務大臣）
下村俊子（株式会社神戸凮月堂代表取締役会長）
左右田鑑穂（東建コーポレーション代表取締役社長）
園田正和（兵庫信用金庫名誉会長）

野中広務（元内閣官房長官）
春次賢太朗（春次メディカルグループ理事長）
前田寛司（前田製菓株式会社取締役社長）
森光子（女優）
森喜朗（元内閣総理大臣）

発起の会のほうも朝日放送、石森プロ、テレビ朝日、フジテレビ、松竹、東映と、ご縁の深いテレビ局や映画会社が名を連ねてくださいました。

「つらいときほど、凛としろ」

追悼の辞は黒柳徹子さん、残念ながらご出席が叶わなかった森光子さんからもお手紙をお預かりし、代読させていただきました。

中村敦夫さん、中尾ミエさん、三田村邦彦さん、萬田久子さん、眞野あずささん、京本政樹さん、小林綾子さん、東山紀之さん、松岡昌宏さん……父ゆかりの役者さんも参列してくださいました。総合司会は徳光和夫さん、森山良子さんは映画『明日への遺言』の主題歌である「ねがい」を献奏し、父に捧げてくださいました。

もう裏側はドタバタで思わぬアクシデントもあり、それを取りまとめていただいたのが、小野寺丈さんです。晩年の父の舞台によく出ていただいて、本当にお世話になりました。

最後は藤田まことの妻であり、わたしの母である原田幸枝がみなさまにご挨拶させていただき、三周忌を前に「役者人生最後の花道」を締めくくることができました。

それからしばらくして、あるアクシデントから母は寝たきりとなってしまい、２０１８年3月26日に父のもとへと旅立ちました。さまざまなことがあった夫婦ですが、いまごろは天国で穏やかに仲良く過ごしていることでしょう。

わたしは現在、藤田まこと企画の代表として父の権利物を管理していますが、どのような案件をいただいたときも「まず父だったらどうするか。どんな判断をするのだろうか」と考えています。サービス精神旺盛だった父を見習って、ファンのみなさまがよろこぶことを第一に心がけております。

父は常に〝品格を保つ〟ということを意識していたように思います。バブルが弾けて経済的にも精神的にも追い詰められたときでさえ、そんな顔は露ほども見せずに踏みとどまっていました。

「つらいときほど、凛としろ」

そんな言葉をかけられたこともあります。自暴自棄になっては絶対いけない、品格だけは失わないように心がけろと。忘れられない言葉ですね。わたしは〝究極のファザコン〟なので、お付きとして父の側にいて、その背中を見つめながら仕事の立ち位置も自分なりに覚えていきました。

没後15年、いまも藤田まことは再放送やインターネット配信などで日々みなさまの前に姿を現しています。庶民派スターとして、なによりの誇りではないでしょうか。

享年76、「こんなもんやで人生は」とよく口にしていましたが、否、すばらしき人生であったと確信しております。

おわりに

父が旅立って15年――いつか藤田まことの書籍を出したいと願っていたのですが、ありがたいご縁によって実現することができました。まずは本書を手に取り、読んでくださった読者のみなさまに感謝を申し上げます。わたしだけでなく弟の知樹、妹の絵美子をふくめて家族全員の偽らざる気持ちです。

そして黒柳徹子さん、三田村邦彦さん、萬田久子さん、京本政樹さん、西島秀俊さん、小林綾子さん、山口馬木也さん、和久井映見さん、大倉忠義さん――父と共演された方々からは取材のご快諾をいただき、お忙しいなか貴重なお話をありがとうございました。

本書『藤田まこと　修芸生涯』は近年、必殺シリーズのインビュー集を精力的に送り出している立東舎からの刊行です。わたしも第3弾の『必殺シリーズ始末　最後の大仕事』においては在りし日の父を振り返る取材を受けたのですが、著者の高鳥都さんの深い知識、編集者の山口一光さんの丁寧な仕事ぶりに感銘を受けまして、おふたりと一緒に本を作りたいと思いました。

まさに〝ご縁〟ですね。父の好きな言葉でした。取材と執筆のベースは高鳥さんがなされたもので、もし藤田まことが生きていたら直接インタビューをしていただきたかった……それは叶わぬ夢ですが、こうして本書が世に出ることを光栄に思います。また、企画実現に尽力してくださったＡＢＣフロンティアの森太さんをはじめ多くの方々のお世話になりました。あらためて御礼を申し上げます。

「人生あきらめたらあかん」――わたしと両親との間には、ある運命がありながらも本当にたくさんの愛情を注がれて育ち、今日まで来ることができました。庶民派スターとしての父を忘れてほしくない。もっと素顔を知ってほしい。そんな一心から作った本です。

藤田まことの戒名は「壽量院修藝日眞居士」、芸を極めるために日々を生きた父らしいもので、『修芸生涯』という書名もきっと気に入ってくれるのではないかと思います。

さて、あとは舞台の幕開けと同じ。受け止め方は、お客さまに委ねましょう。今後ともどうか藤田まことをご贔屓に、よろしくお願い申し上げます。

原田敬子

藤田まこと主要作品リスト

テレビ

1957年	『びっくり捕物帳』(大阪テレビ)
1961年	『スチャラカ社員』(朝日放送)
1962年	『てなもんや三度笠』(朝日放送)
1964年	『おれの番だ!』(TBS)
	『明星スターパレード』(日本テレビ)
1965年	『一発屋』(TBS)
1968年	『てなもんや一本槍』(朝日放送)
1970年	『てなもんや二刀流』(朝日放送)
	『夜の大作戦』(毎日放送)
1972年	『新・平家物語』(NHK)
1973年	『けったいな人びと』(NHK)
	『必殺仕置人』(朝日放送・松竹)
1974年	『暗闇仕留人』(朝日放送・松竹)
1975年	『夫婦旅日記　さらば浪人』(フジテレビ・勝プロダクション)
	『続けったいな人びと』(NHK)
	『必殺仕置屋稼業』(朝日放送・松竹)
1976年	『必殺仕業人』(朝日放送・松竹)
1977年	『新必殺仕置人』(朝日放送・松竹)
	『河内まんだら』(NHK)
1978年	『江戸プロフェッショナル　必殺商売人』(朝日放送・松竹)
	『いのち燃ゆる日日』(テレビ朝日・国際放映)
1979年	『京都殺人案内　花の棺』(朝日放送・松竹/2010年までシリーズ化)
	『必殺仕事人』(朝日放送・松竹)
1981年	『特別編必殺仕事人　恐怖の大仕事』(必殺スペシャル第1弾)
	『新必殺仕事人』(朝日放送・松竹)
1982年	『道頓堀川』(NHK)
	『じゅく年夫婦探偵　夫婦旅行は殺人旅行』(朝日放送・松竹)
1983年	『必殺仕事人Ⅲ』(朝日放送・松竹)
	『必殺仕事人Ⅳ』(朝日放送・松竹)
1985年	『必殺仕事人Ⅴ』(朝日放送・松竹)
	『必殺仕事人Ⅴ　激闘編』(朝日放送・松竹)
1986年	『必殺仕事人Ⅴ　旋風編』(朝日放送・松竹)
1987年	『必殺仕事人Ⅴ　風雲竜虎編』(朝日放送・松竹)
1988年	『はぐれ刑事純情派』(テレビ朝日・東映/2009年までシリーズ化)
	『重役室午前0時』(TBS・国際放映)
1990年	『藤田まことの丹下左膳』(テレビ朝日・東映)
1991年	『必殺仕事人　激突!』(朝日放送・松竹)
1992年	『必殺スペシャル・新春　せん・りつ誘拐される』(必殺スペシャル第19弾)
	『社長が震えた日』(TBS・国際放映)
1995年	『はぐれ医者　お命預かります!』(テレビ朝日・東映/連続ドラマ版)
1996年	『影武者織田信長』(テレビ朝日・東映)
1997年	『赤ひげ』(テレビ朝日・東映)
1998年	『剣客商売』(フジテレビ・松竹/2010年までシリーズ化)
2002年	『てなもんや駅長奮闘記』(フジテレビ・松竹)
2003年	『武蔵　MUSASHI』(NHK)
2005年	『世直し順庵!人情剣』(テレビ朝日・東映)
2006年	『役者魂!』(フジテレビ・共同テレビ)
2007年	『必殺仕事人2007』(朝日放送・テレビ朝日・松竹)
2009年	『必殺仕事人2009』(朝日放送・テレビ朝日・松竹)
	『はぐれ刑事純情派最終回スペシャル』(テレビ朝日・東映)
	『剣客商売スペシャル　道場破り』(フジテレビ・松竹)
2010年	『京都殺人案内32』(朝日放送・松竹)

映画

1963年	『てなもんや三度笠』（東映）
	『ニッポン珍商売』（松竹）
	『続てなもんや三度笠』（東映）
	『続ニッポン珍商売』（松竹）
1964年	『大笑い殿さま道中』（東映）
	『くたばれ！社用族』（東京映画）
	『西の大将東の大将』（東宝）
	『赤いダイヤ』（東映）
1965年	『一発かましたれ』（東映）
	『続西の大将東の大将』（東宝）
	『大阪ど根性物語　どえらい奴』（東映）
1966年	『てなもんや東海道』（東宝・宝塚映画・渡辺プロ）
1967年	『てなもんや大騒動』（東宝・宝塚映画・渡辺プロ）
	『てなもんや幽霊道中』（東宝・宝塚映画・渡辺プロ）
	『喜劇大風呂敷』（日活）
1968年	『日本の青春』（東京映画）
1969年	『愛のきずな』（東宝・渡辺プロ）
	『喜劇大激突』（松竹）
	『喜劇新宿広場』（東宝）
1970年	『喜劇ソレが男の生きる道』（東宝）
1971年	『西のペテン師東のサギ師』（東京映画）
1983年	『積木くずし』（東宝企画）
1984年	『必殺！THE HISSATSU』（松竹・朝日放送）
1985年	『必殺！ブラウン館の怪物たち』（松竹・朝日放送・京都映画）
1986年	『必殺！Ⅲ 裏か表か』（松竹・朝日放送・京都映画）
1986年	『必殺4 恨みはらします』（松竹・朝日放送・京都映画）
1989年	『はぐれ刑事純情派』（東映・テレビ朝日）
1991年	『必殺！5 黄金の血』（松竹・朝日放送・京都映画）
1995年	『鬼平犯科帳』（松竹・フジテレビ）
1996年	『必殺！主水死す』（松竹・松竹京都映画）
2002年	『突入せよ！あさま山荘事件』（「あさま山荘事件」製作委員会）
2008年	『明日への遺言』（「明日への遺言」製作委員会）

舞台

1964年	『てなもんや三度笠』（梅田コマ劇場）
1967年	『おもろい恋の物語』（明治座）
1972年	『夫婦善哉』（名鉄ホール）
1976年	『夫婦浮草物語』（名鉄ホール）
1978年	『ちりれんげ』（中座）
1981年	『納涼必殺まつり』（南座）
	『東海林太郎物語　歌こそ我がいのち』（名鉄ホール）
1983年	『旅役者駒十郎日記　人生まわり舞台』（梅田コマ劇場）
	『望郷の詩　愛は永遠に』（全国巡業）
1984年	『その男ゾルバ』（梅田コマ劇場）
1986年	『夫婦旅日記　さらば浪人』（名鉄ホール）
1987年	『必殺仕事人　中村主水参上！』（梅田コマ劇場）
1988年	『浪花恋しぐれ　桂春団治』（名鉄ホール）
1989年	『浪花のれん　包丁一代』（劇場飛天）
1994年	『浪花人情物語　こんなもんやで人生は』（明治座）
1999年	『鉄道員』（全国巡業）
2000年	『剣客商売』（新宿コマ劇場）
2003年	『浮草　人生まわり舞台』（明治座）
2005年	

舞台は初演のみ記載
参考資料：「テレビドラマデータベース」「日本映画データベース」「演劇上演記録データベース」「日本芸能・演劇総合上演年表データベース」

藤田まこと　修芸生涯

2025年 2月17日　第1版1刷発行
2025年 6月17日　第1版2刷発行

著者　原田敬子

構成　高鳥 都

企画協力　株式会社藤田まこと企画

協力　朝日放送テレビ株式会社、高坂光幸、都築一興、星 光一、横尾公幸

発行人　松本大輔
編集人　橋本修一

デザイン／DTP　木村由紀（MdN Design）
DTP　石原崇子
担当編集　山口一光

発行　立東舎
発売　株式会社リットーミュージック
〒101-0051
東京都千代田区神田神保町
一丁目105番地

印刷・製本　株式会社リーブルテック

【本書の内容に関するお問い合わせ先】
info@rittor-music.co.jp
本書の内容に関するご質問は、Eメールのみでお受けしております。お送りいただくメールの件名に「藤田まこと　修芸生涯」と記載してお送りください。ご質問の内容によりましては、しばらく時間をいただくことがございます。なお、電話やFAX、郵便でのご質問、本書記載内容の範囲を超えるご質問につきましてはお答えできませんので、あらかじめご了承ください。

【乱丁・落丁などのお問い合わせ】
service@rittor-music.co.jp

Printed in Japan
ISBN978-4-8456-4239-7
定価2,200円（本体2,000円+税10%）